AI电商

6 项全能应用

AI文案写作
AI美工设计
AI数据分析
AI直播卖货
AI视频营销
AI客户服务

古 月 编著

清华大学出版社
北 京

内 容 简 介

本书作为一部 AI 电商实战指南，深入剖析了 AI 技术在电商领域的六大核心应用场景，内容全面且系统。全书精心规划为 8 个章节：第 1 章详细阐述了 AI 电商的定义、技术原理，以及 AI 在电商领域的应用场景，使读者对 AI 电商有一个全面的认识；第 2 章则聚焦于实战工具的选择与使用，介绍了多款主流的 AI 工具，帮助读者快速学习并高效利用这些工具进行电商内容的创作与生产；第 3~8 章分别探讨了 AI 文案写作、AI 美工设计、AI 数据分析、AI 直播卖货、AI 视频营销、AI 客户服务的具体应用。每一章均从基础概念与核心原理出发，通过丰富的实战案例，生动展示 AI 技术在电商行业的高效运用策略与实战操作技巧。

本书适合以下人群阅读：电商平台的文案编辑、运营人员、美工人员、营销人员、客服人员等；想要了解 AI 技术的电商商家；从事 AI 技术研发的工程师、数据分析师、算法工程师等；电商相关专业的学生。

图书在版编目 (CIP) 数据

AI 电商 6 项全能应用：AI 文案写作 +AI 美工设计 +AI 数
据分析 +AI 直播卖货 +AI 视频营销 +AI 客户服务 / 古月编著 .
北京 : 清华大学出版社 , 2025. 8. -- ISBN 978-7-302-69798-5

Ⅰ . F713.365.2

中国国家版本馆 CIP 数据核字第 2025YQ8625 号

责任编辑：李　磊
封面设计：杨　曦
版式设计：思创景点
责任校对：成凤进
责任印制：刘海龙

出版发行：清华大学出版社
　　　　网　　　　址：https://www.tup.com.cn，https://www.wqxuetang.com
　　　　地　　　　址：北京清华大学学研大厦A座　　　邮　　编：100084
　　　　社　总　机：010-83470000　　　　　　　邮　　购：010-62786544
　　　　投稿与读者服务：010-62776969，c-service@tup.tsinghua.edu.cn
　　　　质　量　反　馈：010-62772015，zhiliang@tup.tsinghua.edu.cn
印 装 者：三河市铭诚印务有限公司
经　　销：全国新华书店
开　　本：170mm×240mm　　印　　张：13　　字　　数：249千字
版　　次：2025年9月第1版　　印　　次：2025年9月第1次印刷
定　　价：89.00元

产品编号：107459-01

Preface 前言

痛点解析

在当今快节奏的生活中，电商行业蓬勃发展，展现出巨大的潜力和显著优势。然而，这一领域在发展过程中也面临着诸多亟待解决的痛点。电商行业链条长、环节多，从精准满足用户个性化需求、创新产品展示形式，到精准执行营销策略，每个环节都潜藏着复杂的挑战。

- **文案创作效率低：** 传统电商在进行文案创作时，高度依赖人工撰写，这一过程不仅耗费大量的时间和精力，而且文案质量参差不齐、风格难以统一。在瞬息万变的电商市场中，低效的文案创作可能成为阻碍商品推广和销售的关键因素。

- **美工设计成本高：** 优质的商品图片和视觉设计是吸引消费者目光的"利器"，但传统的美工设计往往需要专业的设计师和摄影师参与，使成本居高不下。对于众多中小电商而言，这笔高额费用无疑是一种沉重的负担。

- **数据分析难度大：** 电商平台汇聚了海量的销售数据和用户行为，但如何高效利用这些数据进行深度分析，为商品推荐、库存管理、营销策略制定等提供科学依据，是一项极具挑战性的工作。传统数据分析方法往往需要专业的数据分析师，且分析周期漫长，难以快速响应市场的动态变化。

- **直播卖货成本高：** 直播卖货现已成为电商行业的重要营销手段，但传统直播模式需要专业主播和团队的支持，成本高昂。同时，优秀的直播人才供不应求，难以满足电商行业快速发展的需求。

- **营销视频制作周期长：** 高质量的营销视频，对于提升品牌形象和促进商品销售具有不可忽视的作用。然而，传统视频的制作周期长、成本高，且难以适应市场的快速变化。

- **客户服务响应慢：** 电商平台的客户服务质量直接关系到用户体验及其忠诚度。但传统人工客服难以实现 24 小时的不间断服务，且处理问题的效率有限。在业务高峰期或特殊时期，客户服务响应缓慢可能成为制约电商发展的瓶颈。

针对电商行业的痛点，AI 电商引入人工智能技术，给出有效解决方案：AI 文案写作工具，可依设定信息快速产出高质量文案，提升创作效率与质量；AI 美工设计工具，凭借丰富模板与智能算法，可根据商品特点生成契合品牌的视觉设计；AI 数据分析工具，能够深度剖析数据，提供精准营销策略与实时决策支持；AI 直播和数字人技术，可实现 24 小时不间断直播且无薪酬成本；AI 视频制作工具，快速将素材转化为高质量视频，缩短制作周期、降低成本；AI 客服系统，提供 7×24 小时优质服务，提升客户满意度与忠诚度。这些基于人工智能技术的创新解决方案，为电商行业应对市场挑战提供了有力支持，推动行业朝着更高效、更智能的方向发展。

本书正是在这样的时代背景下产生的。书中凭借系统的知识传授和丰富的实战案例，致力于帮助广大电商从业者及对电商领域感兴趣的读者掌握 AI 技术在电商领域的具体应用技巧，有效解决当前电商行业所面临的诸多痛点，并提供一系列具有创新性的解决方案，以实现业务的快速增长与转型升级。

本书亮点

- **全面覆盖：**本书内容丰富，从 AI 文案写作、AI 美工设计、AI 数据分析、AI 直播卖货、AI 视频营销到 AI 客户服务，涵盖了 AI 在电商领域的六大核心应用场景，为读者呈现了一套完整且系统的 AI 电商解决方案。

- **实战导向：**本书的理论阐述严谨，同时强调实战操作的重要性。书中选取的案例与设计的教程均紧密贴合电商运营场景，旨在确保读者能够将所学知识有效运用到实际工作中。每一章均配有详尽的案例剖析与操作步骤指导，助力读者快速将 AI 技术灵活应用于电商业务的各个环节。

- **案例丰富：**书中精心设计了 40 余个具有代表性的实操案例，引导读者在实际操作中深化对知识的理解，提升专业技能水平。

- **配套资源：**本书附赠 40 多组实用 AI 提示词、70 多个素材与效果文件，以及长达 150 多分钟的同步教学视频。这些资源能够帮助读者更好地掌握书中内容、激发创新思维，并切实推动其实践应用。

温馨提示

- **版本更新：**本书在编写过程中，采用了当时各种 AI 工具和软件界面的实际截图。然而，图书从编辑到出版需要一段时间，这些工具的功能和界面可能会发生变化。因此，在阅读本书时，建议读者根据书中的思路举一反三进行学习。本书涉及工具的版本信息：Midjourney 为 V6.1 版本，Photoshop AI 为 2024 版本，剪映为 5.5.0 版本，文心一言 App 为 4.1.0.10 版本，智谱清言 App 为 2.5.2 版本，Kimi 智能助手 App 为 1.5.0 版本，秘塔 AI 搜索 App 为 v1.1.3 版本，即梦 AI App 为 1.1.2 版本，快影为 V6.61.0.661002 版本。

- **提示词使用：** 提示词也称关键字、关键词、描述词、输入词、代码等，它是与 AI 工具交互时的重要桥梁。在使用 AI 工具时，即便输入的是相同的提示词，由于 AI 算法的随机性、模型训练数据的多样性，以及生成过程中的动态变化等因素，每次生成的文案、图片或视频内容也会有所差别。

- **关于会员功能：** Midjourney、Photoshop AI、剪映等工具，通常需要用户订阅会员服务方可使用全部功能。对于 AI 爱好者而言，若希望全面体验并畅享这些工具所提供的 AI 功能，建议考虑订阅相关会员服务。

资源获取

本书提供素材文件、案例效果、教学视频、提示词等资源，读者可扫描下方的配套资源二维码获取。读者也可直接扫描书中的二维码，观看教学视频。此外，本书附赠丰富的学习资源，包括 26 个 AI 分镜效果制作技巧、28 个 AI 电影剧本创作技巧、30 个 AI 分镜工具使用技巧、30 个 AI 智能体＋工作流实战技巧、42 个 DeepSeek ＋提示工程应用技巧、45 个 AIGC 智能体提问商业实操案例、126 组 AI 短视频提示词，以及 AI 音乐歌词歌曲生成教程，读者可扫描下方的赠送资源二维码获取。

配套资源　　　　赠送资源

作者信息

本书由古月编著，参与编写的人员还有向航志。

由于作者水平所限，加之编写时间仓促，书中难免存在疏漏与欠妥之处，欢迎广大读者不吝赐教，提出宝贵建议。

编　者

2025.05

目录 Contents

第 4 章
AI 美工设计 ⋯⋯⋯⋯⋯⋯076

第 5 章
AI 数据分析 ⋯⋯⋯⋯⋯⋯097

第 6 章
AI 直播卖货 ⋯⋯⋯⋯⋯⋯113

第 7 章
AI 视频营销 ⋯⋯⋯⋯⋯⋯145

第 1 章

AI 电商概述

　　在数字化浪潮席卷全球的时代，人工智能技术正以前所未有的态势重塑人们的生活方式与消费习惯。尤其在电商领域，AI 的深度应用犹如一股强劲的创新驱动力，不仅引领行业不断突破传统边界、实现变革升级，更为广大消费者打造出耳目一新的购物体验。本章将带领大家探索 AI 在电商领域应用的相关基础知识。

1.1 AI 电商的概念与特点

在人工智能（artificial intelligence，AI）技术以日新月异之势迅猛发展的当下，AI 电商正从抽象概念逐步落地为现实应用。它宛如一把神奇的钥匙，不仅重新解锁了消费者与商品之间更为高效、精准的连接模式，更如同一股无形但强大的力量，深度重塑着商家的运营策略，搅动着整个电商市场的竞争风云。

本节将聚焦 AI 电商这一前沿领域，深入剖析其相关概念，细致探寻它的独特优势，助力读者全方位把握这一新兴领域的发展脉络与动态走向。

1.1.1 AI 电商的概念

AI 电商是电商行业与人工智能技术深度交融的产物，它借助智能化、自动化的技术手段，全方位赋能电商业务，为电商行业的发展开辟了崭新局面，注入了源源不断的活力。

视频教学

所谓 AI 电商，即人工智能技术在电子商务领域的创新应用。该领域通过运用 AI 技术，对电商业务的各个环节进行改进与优化，致力于为用户提供更智能、高效且个性化的服务。以下将针对 AI 电商展开详细阐述。

1. 人工智能技术

人工智能技术作为 AI 电商蓬勃发展的引擎，涵盖大数据分析、机器学习、自然语言处理、计算机视觉等多个前沿领域。这些技术相互协作，不仅赋予 AI 电商强大的数据处理与分析能力，更为其实现精准营销、智能推荐、自动化客服等关键功能筑牢了根基。

(1) 大数据分析。对电商平台上海量的用户行为、购买记录、商品信息等数据，进行全面收集、妥善存储与深度分析，从而揭示出数据背后隐藏的规律与发展趋势，为电商运营决策提供有力依据。

(2) 机器学习。通过精心训练算法模型，自动从数据中汲取知识，并不断优化自身性能。这使得机器能够更精准地预测用户需求与行为，提前布局服务策略，提升用户体验。

(3) 自然语言处理。让机器具备理解和生成人类语言的能力，进而实现智能客服、语音搜索等便捷功能。用户只需通过自然语言交流，即可快速获取所需信息与服务。

(4) 计算机视觉。借助先进的图像处理技术，精准识别和理解图像与视频中的内容。这为虚拟试穿、商品识别等创新应用提供了坚实的技术支撑，让用户的购物过程更加直观、有趣。

2．电商平台

通过集成 AI 技术，电商平台得以革新业务模式、提升服务质量，进而为用户打造更为便捷、高效的购物体验。不过，要推动 AI 电商的稳健运行与长远发展，仅靠技术赋能还远远不够。电商平台还需与供应商、物流服务商等合作伙伴形成深度协同，共同构建功能完备、运转流畅的电商生态系统。

在此过程中，电商平台必须夯实数据与技术底座：一方面需具备强大的数据处理能力，以支撑海量用户行为数据、商品数据及供应链数据的实时分析；另一方面需持续投入资源开展技术研发工作，保障 AI 算法具备精准性、快速响应能力及持续迭代优化能力。唯有将技术能力与生态协同双轮驱动，方能实现 AI 电商在精准营销、智能推荐、供应链优化等场景的深度应用，最终形成可持续发展的竞争优势。

3．用户数据

在 AI 电商的运作体系中，用户数据始终是驱动个性化服务升级与商业价值挖掘的核心要素。其价值不仅体现为平台交互行为的数字化沉淀，更成为深度理解用户需求、优化全链路服务体验的关键依据。

(1) 数据价值。用户数据是 AI 电商实现精准推荐与定制化服务的底层支撑。通过系统采集用户浏览记录、购买历史、搜索偏好、停留时长等行为轨迹，结合商品收藏、加购、复购等关联数据，AI 算法可构建多维度的用户画像。这一画像既能呈现用户显性需求，更能通过关联分析挖掘隐性偏好，为个性化服务提供依据。

(2) 场景赋能。基于用户画像的智能决策系统，正全面渗透电商服务场景。例如，根据用户实时行为动态调整推荐池，结合价格敏感度、新品偏好等标签发放差异化优惠券，提升转化效率；通过历史服务记录，预测售后需求，智能匹配客服资源并预置解决方案，缩短问题解决路径；利用需求预测模型优化库存分布，基于用户分群制定精准营销策略，实现资源高效配置。

（3）隐私保护。在数据价值挖掘过程中，电商平台需严格恪守三重原则：合法性，遵循各类信息保护法规的要求，明确数据采集范围、使用目的及存储期限；透明性，通过隐私政策公示、用户协议弹窗等方式，清晰告知数据用途及用户权利；安全性，采用加密传输、访问控制、定期审计等技术手段，防止数据的泄露、篡改或滥用。

1.1.2　AI 电商的特点

随着人工智能技术从概念验证迈向规模化落地，AI 电商凭借其数据驱动、智能交互与全链路优化的核心能力，正重构消费者购物体验的底层逻辑，并为商家开辟出运营提效与商业洞察的新范式。这一变革不仅体现于用户体验的微观升级，更驱动着电商行业从流量争夺向价值深耕的范式转型。以下是 AI 电商的几大特点，如图 1-1 所示。

视频教学

| 个性化推荐 提升用户体验 | AI 电商通过深度学习和大数据分析，能够精准地理解用户的购物偏好、历史行为及潜在需求，从而为用户提供个性化的商品推荐。这种定制化的推荐服务，不仅提高了用户的购物满意度，还增强了用户黏性，促进了销售转化 |

| 智能优化 提高运营效率 | AI 电商能够自动化执行大量烦琐的任务，并基于数据分析进行智能优化，极大地提高了运营效率，减少了人为错误，降低了运营成本。同时，AI 还能帮助商家更准确地预测市场趋势，制定更有效的运营策略 |

| 精准营销 提升回报率 | AI 电商通过精准分析用户数据，能够识别出高潜力客户群体，为其量身定制营销方案，并根据反馈进行快速调整，确保营销活动的持续优化。这种精准营销，不仅提高了广告的投放效果，还降低了营销成本，提升了投资回报率 |

| 智能客服 增强用户体验 | AI 电商通过智能客服、聊天机器人等交互方式，提供了 24 小时不间断的客户服务。这种即时响应和个性化互动能够有效提升用户体验，用户可以通过这些渠道轻松获取帮助、解决问题，并感受到商家的关怀和重视 |

| 创新技术 提升购物体验 | AI 电商积极融合创新技术，如增强现实、虚拟现实等，为用户提供更加沉浸式和便捷的购物体验。用户可以在家中通过虚拟试衣、虚拟家装等方式体验商品，从而做出更加明智的购买决策 |

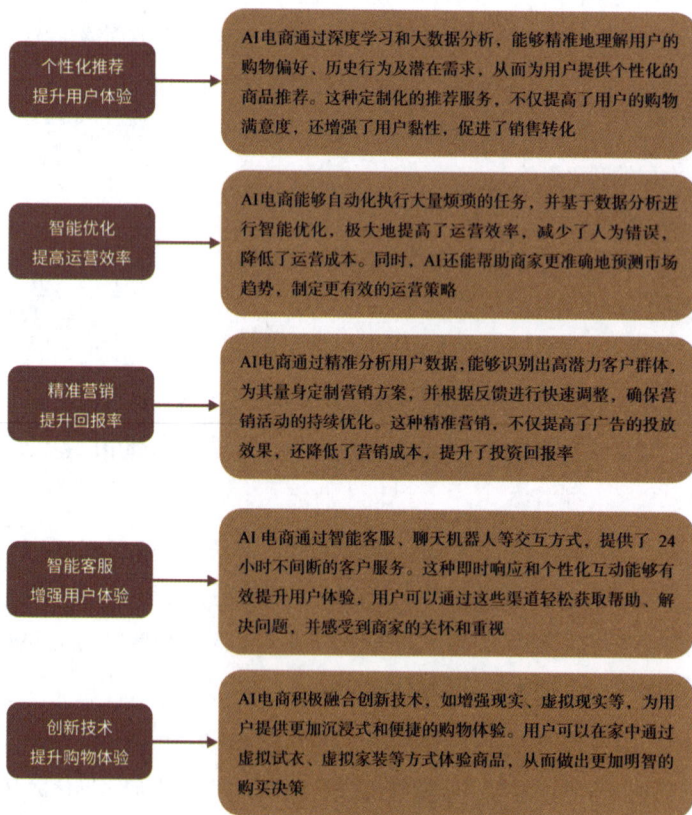

图 1-1　AI 电商的主要特点

1.2　AI 电商的技术概念与原理

在数字技术裂变式发展的浪潮下，AI 技术正以指数级的渗透速率重塑全球商业版图，而电商行业作为数据密集型与场景交互型产业的典型代表，成为 AI 技术深度落地的核心试验场。从智能推荐引擎重构人货匹配逻辑，到动态定价系统颠覆传统价格博弈模式，AI 与电商的融合不仅催生出"需求预测—智能决策—精准触达"的闭环范式，更推动行业从流量运营向价值运营的范式跃迁。在此背景下，系统解构 AI 电商的技术内核与实现路径，既是洞察未来商业趋势的必由之路，更是企业构建技术壁垒的关键基石。

1.2.1　AI 电商的技术概念

AI 电商的技术概念，是指通过深度融合人工智能核心技术，系统性重构电子商务全链路环节，实现从用户交互到资源调度的智能化跃迁。其核心价值在于以数据为纽带、算法为引擎，驱动平台效率提升与用户体验升级，并持续催生商业模式的创新。具体而言，AI 电商的技术概念体现在如下几个方面。

视频教学

(1) 个性化推荐。依托机器学习算法，AI 电商可对用户行为数据进行多维度建模，构建动态更新的用户兴趣图谱。基于该图谱，系统可实时解析用户潜在需求，并通过协同过滤、深度神经网络等技术实现商品推荐的精准匹配，显著提升购买转化率 (实测显示，精准推荐可使客单价提升 15% ~ 30%) 与用户留存率。

(2) 智能供应链管理。AI 电商利用大数据分析与预测模型，对供应链各环节进行全链路优化。例如，库存管理，通过销量预测与补货策略智能联动，将库存周转率提升 20% ~ 40%；物流调度，结合实时路况、配送员状态等动态数据，优化路由规划与履约时效；需求预测，融合历史数据与外部变量，降低缺货率与滞销风险。

(3) 智能搜索与筛选。基于计算机视觉与自然语言处理技术，AI 电商可以构建商品信息智能解析框架。例如，视觉理解，通过图像识别技术提取商品特征 (如颜色、款式、材质)，支持"以图搜货"功能；语义解析，运用 NLP 模型解析用户搜索意图 (如模糊查询、长尾需求)，突破关键词匹配局限；多模态交互，通过语音指令、AR 试穿等新型交互方式，降低用户决策成本。

(4) 精准营销与广告投放。依托用户画像标签体系与实时竞价算法，AI 电商能够实现广告投放的"千人千面"。例如，目标用户定位，通过 Lookalike 模型扩展高价值用户群体，提升广告触达精度；创意动态生成，基于用户特征与场景数据，自动生成差异化广告素材；效果归因优化，采用多触点归因 (MTA) 技术，持续迭代投放策略。

（5）智能定价与促销。运用强化学习与博弈论模型，结合市场动态、竞品策略与用户价格敏感度，构建动态定价系统。例如，弹性定价，通过 A/B 测试验证价格阈值，实现收益最大化；促销策略，基于用户分群设计差异化活动。

AI 电商技术是一个综合性的概念，它涵盖了多个 AI 技术的应用，旨在通过智能化手段提升电商平台的竞争力和用户体验，推动电商行业的持续发展和创新。

1.2.2　AI 电商的技术原理

AI 电商的技术原理涉及多个方面，主要包括大数据分析、自然语言处理、机器学习、深度学习、推荐算法等核心技术。这些技术相互融合，共同构成了 AI 电商的智能化体系，为电商平台提供了强大的技术支持和驱动力量。

视频教学

1．大数据分析

在 AI 电商的智能化架构中，大数据分析是贯穿全链路的价值引擎，其核心作用在于通过数据资产化实现从原始信息到商业洞察的转化。作为 AI 决策系统的底层支撑，大数据分析的效能直接决定了智能推荐、动态定价、供应链优化等上层应用的精准度与实时性。

（1）数据收集。AI 电商平台需要从多个渠道收集数据，包括用户行为数据、产品数据、订单数据等，这些数据是后续分析和决策的基础。

（2）数据清洗与预处理。收集到的原始数据往往存在噪声和冗余，需要进行清洗和预处理，以提高数据的质量和准确性。

（3）数据分析与挖掘。利用大数据分析技术，对清洗后的数据进行深入分析，挖掘出隐藏的模式和规律，为电商平台的运营和决策提供有力支持。

2．自然语言处理

自然语言处理 (NLP) 技术赋能电商平台，使其具备解析与响应人类语言的能力，进而提供智能化服务。例如，智能客服场景，NLP 技术可自动识别用户意图与问题，并匹配精准解答及建议，实现人机交互效率升级；商品信息优化，NLP 技术可自动生成并优化商品描述，提升信息准确性与用户吸引力。

专家提醒

　　NLP 全称为 natural language processing，指的是计算机科学领域与人工智能分支中，专注于研究如何让计算机系统理解、解释和生成人类语言的技术和方法的总称。

---

3. 机器学习与深度学习

机器学习与深度学习作为 AI 电商的核心技术引擎，其核心优势在于从海量数据中自动化地挖掘规律。二者不仅推动电商平台智能化升级，更助力持续优化用户体验、提升运营效能，并创造增量商业价值。

(1) 机器学习。作为人工智能的分支领域，机器学习通过构建数据驱动模型，使电商平台能够从海量数据中提取潜在模式与关联规则。依托训练好的机器学习模型，平台可实现用户购买行为预测、库存动态优化、广告精准投放等功能。

(2) 深度学习。深度学习技术通过模拟人脑神经网络的层级化结构，对复杂非结构化数据进行端到端的解析。在 AI 电商场景中，深度学习可赋能商品图像识别、用户语音交互、个性化文本推荐等应用，提供精准化与定制化服务。

4. 推荐算法

推荐算法作为 AI 电商的核心技术，通过分析用户历史行为与兴趣偏好，生成个性化商品或服务推荐。其主要方法包括协同过滤、内容过滤及矩阵分解模型，通过计算用户／商品相似度，可以生成推荐列表。

基于复杂算法模型，推荐系统可精准预测用户需求，定制化推送内容。该技术可以显著提升用户的购物体验与满意度。

AI 电商的技术体系融合了多领域的技术与方法，为平台提供智能化解决方案。伴随技术的迭代，其应用场景与商业价值将持续深化。

1.3　AI 电商的应用场景

AI 电商的应用场景广泛且深远，它不仅重塑了传统电商行业的运作模式，更在多个维度上推动了商业模式的创新与升级。AI 电商的应用场景正逐步渗透到电商生态的每一个角落，为消费者和企业带来前所未有的便利与价值。本节将详细介绍 AI 电商的应用场景，让用户对 AI 电商更加熟悉。

1.3.1　AI 文案写作

AI 文案是指基于人工智能技术生成的文本内容，其生成过程依托机器学习软件，软件通过训练算法处理海量网页数据以提炼模式与规律，并基于所学知识生成特定主题的新文本。下面对 AI 文案写作进行简单介绍。

视频教学

1．特点和优势

AI 文案依托数据分析、高效生成与进化式创意能力，可精准捕捉受众需求，在保持语言流畅性的同时融入个性化元素，提升文案的精准度与吸引力。下面介绍 AI 文案的特点与优势。

(1) 快速响应。AI 文案写作可瞬时生成海量内容，突破传统写作效率瓶颈，极大提高了工作效率。

(2) 多元适配。AI 文案写作支持多主题、多风格文本生成，覆盖用户差异化阅读需求。

(3) 创新赋能。AI 文案写作具备创新能力，能够给予受众全新的思维启示。例如，在广告营销领域，AI 文案可以根据产品特性与受众需求，创作富有吸引力的广告词及推广口号。

(4) 精准定制。AI 文案写作结合机器学习和自然语言处理技术，通过对海量文本数据的学习与分析，能够生成符合特定需求的文案内容，提供个性化的创作体验。

2．生成原理

AI 文案的生成主要依托海量语料库和深度学习模式，这些技术使得 AI 能够模仿人的文字书写及表述方式，使生成的文章具有一定的逻辑性和可读性。通过自然语言处理技术，AI 能够掌握文案的语法、逻辑和修辞等要素，确保所生成的文案具备连贯性和生动性。

3. 应用领域

随着人工智能技术的不断进步，AI 文案已经成为一种重要的创作工具。在 AI 电商中，文案分为主图文案、详情页文案、品牌文案、销售文案等多种类型。

(1) 主图文案。在电商领域，主图文案是指在产品展示页面上显示的主图旁边的文字描述。主图文案通常用于吸引消费者的注意力并传达产品的关键信息，它概述产品的特点、功能或优势，从而促使消费者进一步了解并购买该产品。我们可以运用文心一言来快速生成主图文案，具体示例如下。

🔲 提示词

撰写修护型洗发水的电商主图文案，要求语言精简、突出产品亮点。

📦 文心一言

【修复奇迹，焕发强韧光泽】

【深层滋养·秀发重生】

自然精华，直击发芯损伤！每一滴都蕴含强大修复力，深层滋养干枯分叉，让秀发重获新生。

专业修护配方，强韧发根至发梢。告别脆弱，拥抱如丝般顺滑，自信闪耀每一天。

光泽立现，秀发焕发自然光彩。轻轻一洗，干枯变柔亮，打造令人羡慕的健康秀发。

温和不刺激，全家适用。守护每一根发丝，从根源解决脱发、断发烦恼。

立即体验，开启你的秀发修护之旅！让每一次洗护，都成为对美丽的投资。

【修护型洗发水】——您的秀发守护者，从此告别烦恼，拥抱强韧亮泽！

(2) 详情页文案。详情页文案是电商领域用于描述产品详细特征的文字内容，包括产品的具体功能、内容亮点、受众人群、使用说明、注意事项等元素，能够以文字的形式全面地介绍产品。我们可以运用智谱清言生成详情页文案，具体示例如下。

🔲 提示词

提供《无人机航拍一本通》这本书的详情页文案。

智谱清言

《无人机航拍一本通》——探索天空之境，捕捉非凡视角

【书籍简介】

《无人机航拍一本通》是一本专为无人机航拍爱好者及从业者打造的全方位教程。本书从基础知识到实战技巧，为您揭开无人机航拍的神秘面纱，助您成为航拍高手！

【内容亮点】

1. 航拍入门：详解无人机航拍的基本概念、设备选购、飞行原理及法律法规，让您快速上手。

2. 拍摄技巧：传授构图、光线、色彩等摄影知识，助您拍出令人惊艳的航拍作品。

3. 实战指南：涵盖风光、建筑、人文等多种场景的拍摄技巧，让您轻松应对各种拍摄需求。

4. 后期处理：详细介绍照片和视频的后期剪辑、调色、特效制作，让您的作品更具专业水准。

5. 案例分析：精选国内外优秀航拍作品，为您剖析创作思路，激发您的创作灵感。

【读者对象】

● 无人机航拍初学者

● 摄影爱好者

● 影视制作从业者

● 航模爱好者

● 广告策划人员

【购买理由】

《无人机航拍一本通》是您通往无人机航拍高手之路的必备宝典，一书在手，航拍无忧！快来开启您的天空之旅，捕捉独一无二的视觉盛宴吧！

（3）品牌文案。品牌文案是一种借宣传企业的品牌来促进商品销售的电商文案。这类文案主要是以宣传品牌为主，让受众了解并认可品牌，从而主动购买品牌下所属的产品或服务。我们可以运用秘塔 AI 快速生成品牌文案，具体示例如下。

提示词

为一款美妆产品生成一段用于推广的品牌文案，要求语言简洁、有吸引力。

秘塔 AI 搜索

焕彩新生，遇见更美的自己。

探索极致美丽，绽放自然光彩。我们的美妆产品融合高端成分与创新科技，轻盈贴合肌肤，瞬间提升你的自然魅力。让每一次上妆都如丝般顺滑，持久锁住完美妆容，带给你整日的自信光彩。从这一刻开始，定义属于你的风采。

(4) 销售文案。销售文案是一种用于促销和推销产品、服务的文字内容。它旨在吸引潜在客户的兴趣，建立与客户的连接，并最终促使他们做出购买决策。销售文案通常在广告、销售页面、产品描述、宣传资料、推广邮件和社交媒体帖子等营销材料中使用。运用 Kimi 可以快速生成销售文案，具体示例如下。

提示词

生成宣传吹风机的销售文案。

Kimi

【速干科技，秀发新风尚 —— 疾风悦享吹风机】

告别漫长等待，拥抱疾风中的温柔呵护！疾风悦享吹风机，以尖端科技重塑护发新体验，让每一次吹干，都成为一次奢华享受。

【瞬间干爽，省时高效】采用高效能马达与智能温控系统，强劲风力直抵发根，快速带走水分，减少热损伤，让忙碌的你也能迅速恢复干爽秀发，焕发自然光泽。

【负离子滋养，柔顺如初】内置负离子发生器，持续释放亿万级负离子，深入发丝，中和静电，锁住水分，减少毛躁分叉，让秀发如丝般顺滑，闪耀健康光彩。

【轻盈设计，手感卓越】人体工学设计，轻盈机身搭配舒适握感，即使长时间使用也不觉疲惫。多款时尚色彩，彰显个性风采，让每一次使用都成为一场视觉与触觉的双重盛宴。

选择疾风悦享吹风机，不仅是为了快速干发，更是为了给予自己一份细致入微的呵护。让每一次吹干头发的过程，都成为一场自我宠爱的小仪式，唤醒秀发原生之美，开启美好一天的序章。

立即拥抱疾风悦享，让美丽从头开始，轻松享受每一个清爽自信的瞬间！

4. 与传统文案的区别

虽然 AI 文案在效率和个性化方面有着显著的优势，但它并不能完全替代传统文案写手。传统文案写手凭借独特的观察力、丰富的人生经验和创造力，能够创作出富有个性和情感共鸣的文案。这些文案往往更加贴近用户需求，更具人情味。

因此，在实际应用中，人工智能与传统文案写手的合作可能是更具潜力的方向。传统文案写手可以充分发挥创造力，而 AI 文案则能助力写手提高创作效率与激发创作灵感，使得文案创作更加高效且具有创意性。

1.3.2 AI 美工设计

AI 美工设计是指利用人工智能技术和算法来辅助或自动完成美术设计工作的过程。AI 美工设计的应用范围包括但不限于以下两个方面。

视频教学

(1) 产品设计。产品设计是一种专注于制造工业产品的设计和艺术，它结合了观赏性和实用性，目的是设计出满足用户需求和期望的产品。AI 可以通过模拟和优化设计过程，帮助设计师快速生成多种设计方案，从而降低开发成本和提高效率。例如，利用 AI 技术生成台灯的设计效果，如图 1-2 所示。

图 1-2　AI 技术生成的台灯效果

(2) 服装设计。AI 可以通过对大量时尚趋势进行分析，为设计师提供灵感，并帮助他们快速生成多种设计方案，效果如图 1-3 所示。

图 1-3　AI 技术生成的服装设计图

1.3.3　AI 数据分析

AI 数据分析，即人工智能数据分析，是指利用人工智能技术和算法，对大量复杂的数据进行深度挖掘、处理、分析和解释的过程。这一过程旨在发现数据中的隐藏模式、趋势、关联性和异常值，从而为决策者提供有价值的信息，提升其决策的准确性。

视频教学

1．数据分析的关键点

现在，由数据分析所衍生的数据资源，已然成为现代组织不可或缺的核心战略资产，其价值体现在通过结构化信息挖掘与动态趋势预判，驱动决策科学化、流程精益化与竞争优势重构。下面是数据分析的几个关键点。

(1) 决策支持。数据分析提供了基于事实的数据支持，帮助企业在复杂环境中做出更加精确的决策。通过分析历史数据，企业可以预测市场趋势、用户行为，并据此制定策略。

(2) 效率提升。通过自动化的数据分析工具，企业可以快速处理大量数据，识别和解决业务流程中的瓶颈，从而提高工作效率和生产效率。

(3) 成本控制。数据分析有助于企业识别不必要的开支和资源浪费的环节，通过优化这些方面帮助企业减少成本和提高回报。

(4) 客户洞察。数据分析能帮助企业更好地理解客户需求和行为模式，通过这些洞察，企业可以设计出更符合市场需求的产品和服务，提高客户满意度和忠诚度。

(5) 风险管理。通过数据分析，企业可以更好地评估和管理风险。例如，在金融领域，数据分析有助于识别和预防欺诈行为；在生产领域，通过数据分析可以预测设备故障，实现预防性维护。

(6) 创新促进。数据分析可帮助企业探索新的商业模式和产品创新机会。通过分析消费者行为和市场趋势，企业可以发现未被满足的需求，从而推出创新的产品或服务。

(7) 增强透明度。在公共部门和非营利组织中，数据分析有助于提升运作的透明度，实现对机构表现的有效监控与报告，进而增强公众信任。

2．AI 数据分析的流程

利用 AI 技术进行数据分析是一个融合了自动化、智能化处理数据的过程，旨在从大量、复杂的数据中提取有价值的信息。以下是这一过程的大致流程和关键步骤。

（1）明确分析目标与问题。要清晰地定义数据分析的目标和要解决的具体问题，这有助于确定所需的数据类型、范围，以及后续的分析策略。

（2）数据收集与整合。根据分析目标，从各种数据源（如数据库、社交媒体、传感器等）收集相关数据，并进行整合。这一过程可能涉及数据抽取、转换和加载等操作，以确保数据的格式统一、质量可靠。

（3）数据预处理。对收集到的数据进行预处理，包括数据清洗（如去除重复项、处理缺失值、纠正错误数据等）、数据转换（如标准化、归一化等）和数据降维（如特征选择、主成分分析等），以提高数据质量，并为后续分析做好准备。

（4）特征工程。在 AI 数据分析中，特征工程是至关重要的一步。它涉及从原始数据中提取、选择和转换出对分析目标有贡献的特征。良好的特征工程能够显著提高模型的性能。

（5）选择与训练 AI 模型。根据分析目标和数据特点，选择合适的 AI 模型，如机器学习算法或深度学习模型。使用训练数据集对模型进行训练，通过调整模型参数来优化其性能。

1.3.4 AI 直播卖货

视频教学

随着 AI 技术的不断成熟和普及，AI 直播卖货在电商领域的应用前景将更加广阔。未来，AI 主播将突破单向信息输出的局限，通过实时情绪感知与动态策略调整，实现产品信息精准传递与用户情感需求的深度匹配。同时，AI 直播也将与各种前沿技术融合，为消费者带来沉浸式的购物体验，进一步推动电商行业的创新发展，如图 1-4 所示。

图 1-4 AI 直播带货主播

1.3.5　AI 视频营销

AI 视频营销是一种创新的营销方式，它结合人工智能技术与视频内容创作，为电商企业带来了全新的营销体验，不仅提高了视频内容的制作效率和个性化程度，还通过精准投放、增强互动性和数据分析优化等功能，为电商企业带来更好的营销效果和用户体验，如图 1-5 所示。

视频教学

图 1-5　AI 视频营销

随着技术的不断进步和应用场景的不断拓展，AI 视频营销将在未来的电商领域发挥更加重要的作用。

1.3.6　AI 客户服务

AI 客户服务是人工智能技术在电子商务领域的一个重要应用，它极大地提升了客户服务的效率和质量。AI 客服机器人能够全天候无休地在线为客户提供服务，解决了传统人工客服在夜间或节假日无法及时响应的问题，如图 1-6 所示。

视频教学

图 1-6　AI 客服机器人

　　AI 客户服务在电商领域的应用场景广泛且深入，它不仅能够提升客户服务的效率和质量，还能够为企业带来更低的运营成本和更高的客户满意度。随着技术的不断进步和应用场景的不断拓展，AI 客户服务在电商领域的发展前景将更加广阔。

第 2 章
AI 电商的工具与平台

随着技术的不断进步，AI 已经悄然渗透至电商领域的每一个角落，这些工具能够帮助我们更好地实现智能化、个性化的电商服务。本章将深入剖析这些前沿技术如何被巧妙地转化为实用的工具与平台，详细介绍它们的功能与特点，帮助用户快速掌握它们的使用方法。

2.1 AI 电商的文案创作工具

在数字化转型浪潮中，电商行业正以破竹之势深度融合 AI 技术，开启"AI 电商"全新篇章。AI 文案创作工具凭借智能化与高效化特性，从早期探索性应用跃升为行业运营标配，不仅重构了电商营销从需求洞察、创意生成，到跨平台投放与效果优化的全链路逻辑，更以技术穿透力突破流量内卷困局，助力商家在同质化竞争中开辟差异化增长路径，其价值已超越工具层面，成为驱动电商行业"提质增效"与"创新破局"的核心引擎。

2.1.1 文心一言

文心一言具备丰富的知识库，能够回答各学科、各领域的问题，提供准确、可靠的信息。它具备强大的自然语言处理能力，能够理解用户输入的指令并完成问答、文本创作、代码查错等多种任务。下面将介绍注册并登录文心一言网页版和手机版的操作方法，并对其操作页面的各项功能进行讲解。

视频教学

1. 网页版的页面与功能

注册与登录文心一言网页版，需要先打开文心一言的官方网址，通过"立即登录"按钮，可以进行注册与登录操作，具体操作方法如下。

01 搜索并进入文心一言首页，单击页面右上方的"立即登录"按钮，如图 2-1 所示。

02 在弹出的对话框中，单击右下角的"立即注册"按钮，如图 2-2 所示。

03 进入百度的"欢迎注册"页面，如图 2-3 所示，输入用户名、手机号、密码和验证码，并选中相应的复选框，然后单击"注册"按钮，即可成功注册并登录文心一言账号。

💡 **专家提醒**

文心一言由百度研发，已经拥有百度账号的用户可以选择使用账号密码或者短信验证的方式进行登录，也可打开手机中的百度 App 扫码进行登录。如果用户没有百度账号，需先进行注册，无须花费太多时间。

图 2-1　单击"立即登录"按钮

图 2-2　单击"立即注册"按钮

图 2-3　百度的"欢迎注册"页面

文心一言网页版的页面功能丰富，且布局清晰，用户可以轻松找到所需功能的入口。页面中的各主要功能，如图 2-4 所示。

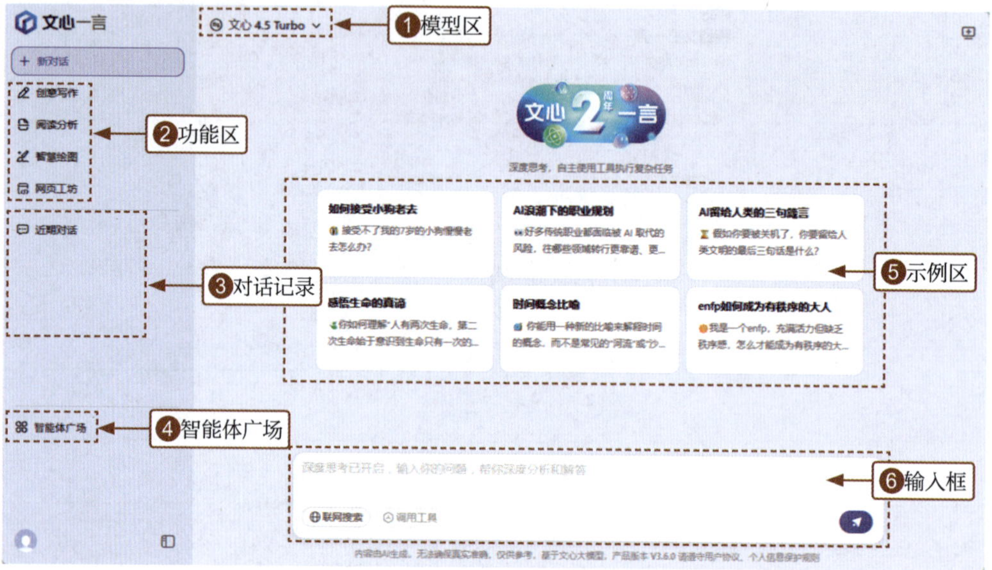

图 2-4　文心一言网页页面

❶ 模型区：在模型区中单击 按钮，在弹出的列表框中可以更换文心一言的模型，包括文心 4.5 Turbo 和文心 X1 Turbo。不同的模型在技术和应用方面都具有独特的优势。

❷ 功能区：功能区包含 4 个功能，分别是"创意写作""阅读分析""智慧绘图"及"网页工坊"，单击相应按钮即可进入对应的功能界面。

❸ 对话记录：用户可以在该区域查看近期的对话记录，在搜索框中输入内容也可以直接查找对话记录。

❹ 智能体广场：文心一言提供的一个集结了多种智能体的平台，用户可以在这里找到各式各样的智能体。

❺ 示例区：对于初次接触文心一言的用户来说，示例区是一个快速了解产品特性和使用方法的途径，该区域中提供了多种文案示例。通过实际操作，用户可以更直观地了解文心一言的应用场景和优势。

❻ 输入框：用户可以在这里输入想要与 AI 交流的内容，如提问、聊天等。输入框支持文字、文件、图片等多种输入方式。

2．手机版的界面与功能

文小言（原文心一言）App 作为百度打造的人工智能工具，其界面设计简洁直观，便于用户操作。下面介绍注册与登录文小言 App 的方法，并对其界面进行说明。

01 打开手机中的应用商店，点击搜索栏，在搜索文本框中输入"文小言"，点击"搜索"按钮，即可搜索到文小言 App，点击 App 右侧的"安装"按钮，如图 2-5 所示。

02 执行操作后，即可开始下载并自动安装文小言 App，安装完成后，App 右侧显示"打开"按钮，如图 2-6 所示。

图 2-5 点击"安装"按钮　　　　　　　　　图 2-6 显示"打开"按钮

03 点击"打开"按钮，进入文小言 App 的账号登录界面，选中底部相关协议复选框，点击"一键登录"按钮，如图 2-7 所示。

04 执行操作后，即可登录文小言 App 账号，并进入文小言 App 的首页，如图 2-8 所示。

专家提醒

如果用户没有文小言 App 账号，可在界面中点击"切换登录方式"按钮，然后通过手机号码注册文小言账号。

图 2-7　点击"一键登录"按钮

图 2-8　进入文小言 App 的首页

文小言 App 的界面设计，为用户提供了便捷、高效的交互体验。下面介绍文小言 App 界面的主要功能，如图 2-9 所示。

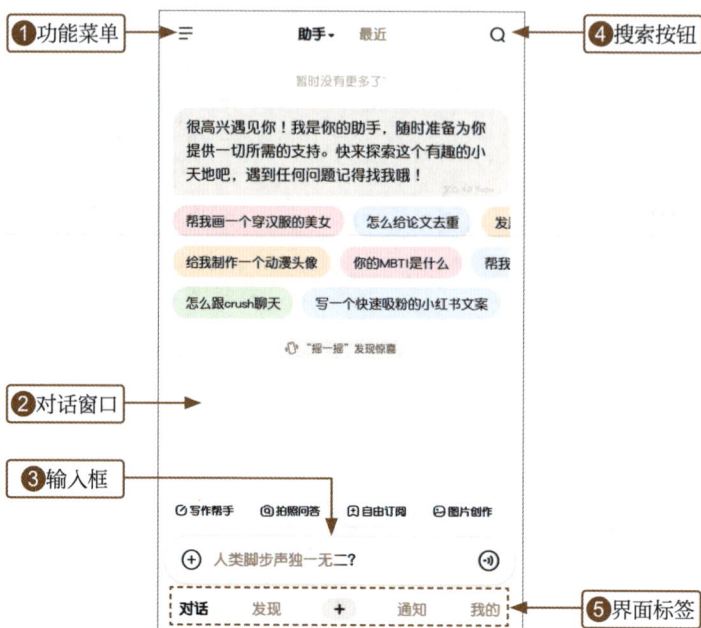

图 2-9　文小言 App 界面

❶ 功能菜单：打开文小言 App 并完成登录，点击左上角的▤按钮，进入"功能菜单"界面。其中的功能选项包括但不限于各项"设置""账号管理""退出登录"等，方便用户快速访问常用功能或进行应用设置。

❷ 对话窗口：文小言 App 的核心功能区之一，是用户与文小言进行智能对话的主要区域，会显示用户与文小言的对话历史记录，方便用户回顾之前的对话内容。其对于需要持续对话或参考之前信息的场景具有重要的作用。

❸ 输入框：点击输入框，用户可以选择文字、语音或拍照的形式，与 AI 进行交流。点击◀按钮，即可"按住说话"，与 AI 进行语音对话。还可以通过拍照、上传图片、文档解析和打电话等形式，实现与 AI 的互动。

❹ 搜索按钮：点击◯按钮，即可跳转至搜索界面，用户可以在此处搜索感兴趣的内容。

❺ 界面标签：用户可以选择界面底部的相应选项，实现在不同功能界面间的切换。例如，选择"发现"选项，即可切换至社区和智能体的界面。

2.1.2 智谱清言

　　智谱清言是北京智谱华章科技有限公司推出的一款生成式 AI 助手，其凭借丰富的功能和广泛的应用场景，在工作和生活中为用户提供了极大的支持。其具备通用问答、多轮对话、创意写作、代码生成，以及虚拟对话等强大功能。

视频教学

　　智谱清言的界面布局简约而不失雅致，功能模块划分清晰。下面将详细介绍智谱清言网页版和手机版界面的主要功能。

1．网页版的页面与功能

　　智谱清言的官方网页设计精简直观，便于用户快速上手。其操作页面中展示了智谱清言的一些常用功能、推荐内容和个性化设置选项，如图 2-10 所示。

❶ 常用功能：智谱清言作为一个集成多种人工智能服务的平台，其左侧的导航栏中包含了平台的常用功能，下面进行简单讲解。

● ChatGLM：该功能是智谱清言的核心功能之一，提供基于自然语言处理技术的智能对话服务。用户可以通过文字输入与 AI 进行交流，获取信息、解答疑问、学习新知识等。

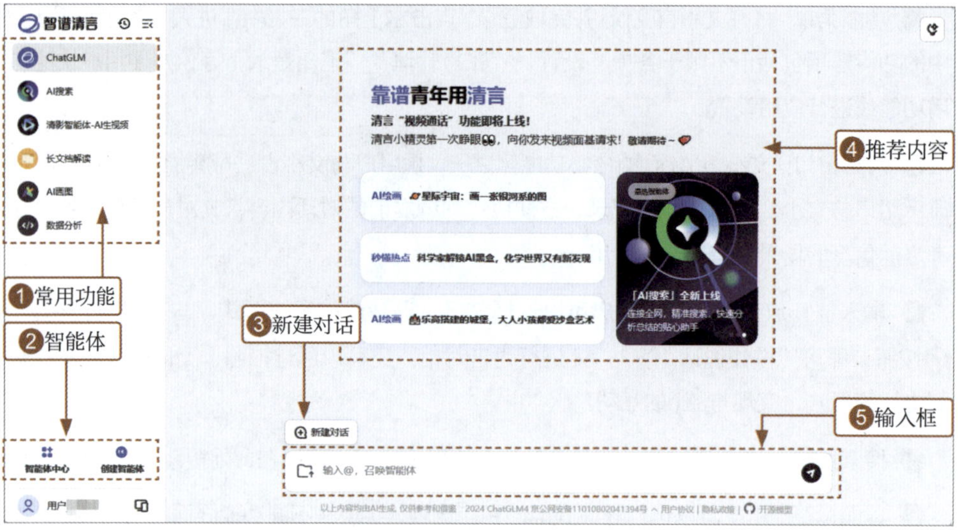

图 2-10　智谱清言网页页面

- **AI 搜索**：该功能利用人工智能技术搜索并优化结果，旨在为用户提供更准确、更符合需求的搜索服务。

- **清影智能体 -AI 生视频**：该功能依托人工智能技术，可基于用户输入的文本指令或语音指令，自动解析语义并生成匹配的视频内容，实现从文字 / 语音到动态影像的一键转化。

- **长文档解读**：该功能可以帮助用户快速理解长篇文档的核心内容，用户上传文档后，AI 会对文档进行摘要，提取关键信息。

- **AI 画图**：该功能允许用户通过文字描述生成图片，创作出相应的视觉图像，支持多种绘画风格和图像类型，用户可以自定义创作艺术作品、设计图案、生成场景等。

- **数据分析**：该功能允许用户上传数据集，利用人工智能算法进行数据处理和分析，生成图表和报告，帮助用户洞察数据背后的信息。

❷ **智能体**：在智谱清言页面的下方，"智能体中心"和"创建智能体"两个按钮是平台提供的与智能体相关的功能入口，下面进行简单讲解。

- **智能体中心**：用户可以在此处看到自己创建的智能体，包括每个智能体的名称、创建时间、状态等信息，还可以在其中搜索相应的智能体，如图 2-11 所示。

- **创建智能体**：用户可进入智能体创建流程，根据自己的需求定制智能体，包括为智能体命名、选择智能体类型、配置智能体的功能模块和参数等，如图 2-12 所示。

图 2-11　智能体中心页面

图 2-12　配置智能体页面

❸ 新建对话：单击该按钮，用户可以开始一个全新的对话，这对于想要与 AI 进行不同话题讨论，或者需要针对不同问题获取解答的用户来说非常方便。

❹ 推荐内容：该区域可以帮助新用户快速了解平台的功能和特色，指导他们有效地与平台进行互动和信息检索。推荐系统会根据用户的历史行为和偏好来展示内容，提供个性化的推荐，这有助于用户快速找到他们感兴趣的信息。

❺ 输入框：允许用户发起与 AI 的对话。用户输入文本后，AI 会根据输入的内容提供相应的回答或服务。用户还可以在输入框中输入想要查询的信息或提出问题，这是与智谱清言平台的 AI 进行互动的主要方式之一。

2．手机版的界面与功能

智谱清言 App 是一款基于中英双语对话模型 ChatGLM2 研发的生成式 AI 助手，其功能包括通用问答、多轮对话、创意写作、代码生成和虚拟对话等，它的设计理念强调精美与清晰，旨在为用户提供直观流畅的使用体验。下面介绍智谱清言 App 的界面，如图 2-13 所示。

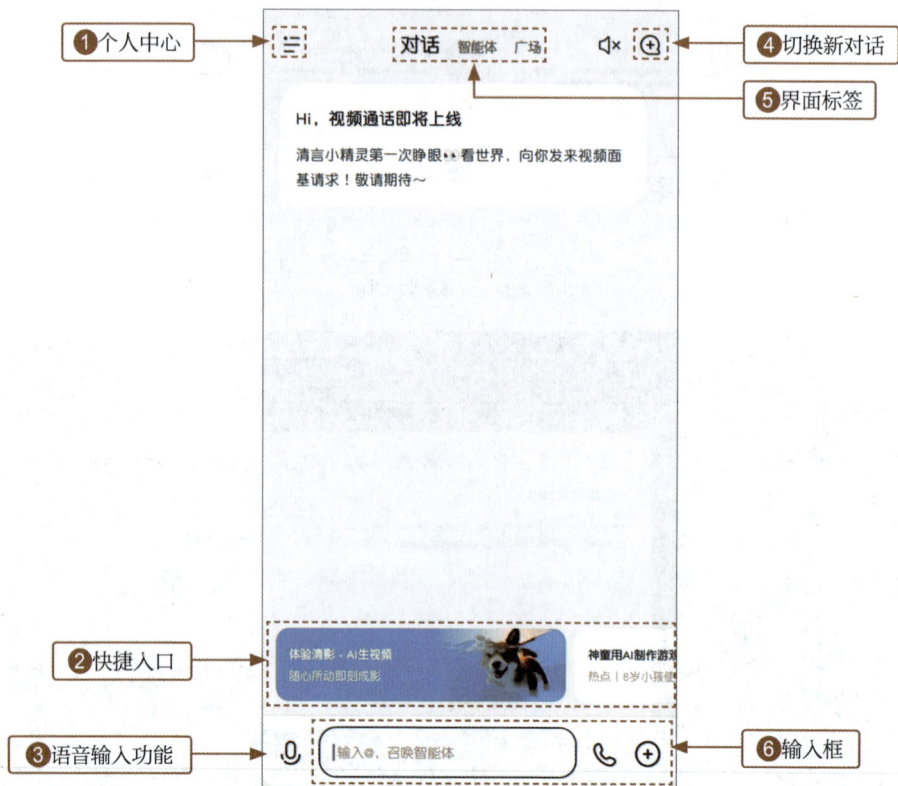

图 2-13　智谱清言 App 的界面

❶　个人中心：点击 ☰ 按钮，即可进入个人中心界面，用户可以在该界面设置个人账号等信息，以及查看和编辑历史对话。

❷　快捷入口：平台服务的快捷入口，包括指令模板、热点问答和新功能推荐等，用户可以点击相应卡片，进行热点问答和搜索，或根据指令模板与 AI 进行互动。例如，点击"体验清影 -AI 生视频"卡片，即可进入该功能的界面。

❸　语音输入功能：点击界面左下方的 🎤 按钮，再点击"按住说话"按钮，用户即可通过语音的形式进行输入。

❹　切换新对话：点击 ⊕ 按钮，即可创建新对话。当用户想在一个已经完成的对话界面新

建一个新对话时，可以点击右上角的■按钮，在弹出的列表框中，点击"创建新对话"按钮
⊕，即可成功创建一个新对话。

⑤ 界面标签：用户点击"对话""智能体""广场"等标签，即可切换至相应界面。例如，
广场中有各种类型的角色，用户只需点击所需要的角色按钮，即可与相应角色进行对话。

⑥ 输入框：点击输入框，用户可以在其中输入问题或指令，用来与 AI 进行互动；也可以
输入 @，召唤智能体。点击输入框中的📞按钮，可以与 AI 进行语音通话；点击⊕按钮，即可
通过上传图片、拍摄及上传文件的形式，与 AI 进行交流。

2.1.3　Kimi

Kimi 是由月之暗面科技有限公司开发的人工智能助手，拥有强大的长文
本处理能力，能够提供安全、有帮助、准确的回答。它支持中文和英文对话，
满足多语言用户的需求，为用户提供高效、便捷的信息处理和服务体验。下面
对 Kimi 网页版和手机版操作界面的功能进行讲解。

视频教学

1. 网页版的页面与功能

Kimi 网页版的页面简洁且功能全面，用户能够轻松上手并高效利用。用户可以通过网页
版与 Kimi 进行实时对话，上传文件进行处理，或利用其他高级功能生成相应文案。Kimi 的
网页页面，如图 2-14 所示。

图 2-14　Kimi 网页页面

❶ 工具栏：Kimi 左侧的工具栏中提供了多种功能，如用户通过单击 🅗 按钮，即可从 Kimi 的任意页面回到首页；单击 ❁ 按钮，进入相应页面，其中内置了一些封装好的应用，如翻译通、PPT 助手、论文写作助手等，用户可使用这些应用来快速解决问题。

❷ 输入框：这是多功能的交互区域，用户可在此与 Kimi 进行交流，无论是提问、上传文件、发送链接，还是进行其他形式的交互，都可通过输入框来实现。

❸ 示例区：该区域中提供了多种会话示例，又被称为"Kimi ＋提示词"，便于用户快速使用 Kimi 的特定功能。用户可以通过点击这些示例，快速启动 Kimi 的特定服务或功能，而无须自己编写详细的指令或提示词。

2．手机版的界面与功能

Kimi 提供了一个简洁而直观的界面，让用户能够方便地与 Kimi 进行对话和交流。下面介绍 Kimi 智能助手 App 界面中的各主要功能，如图 2-15 所示。

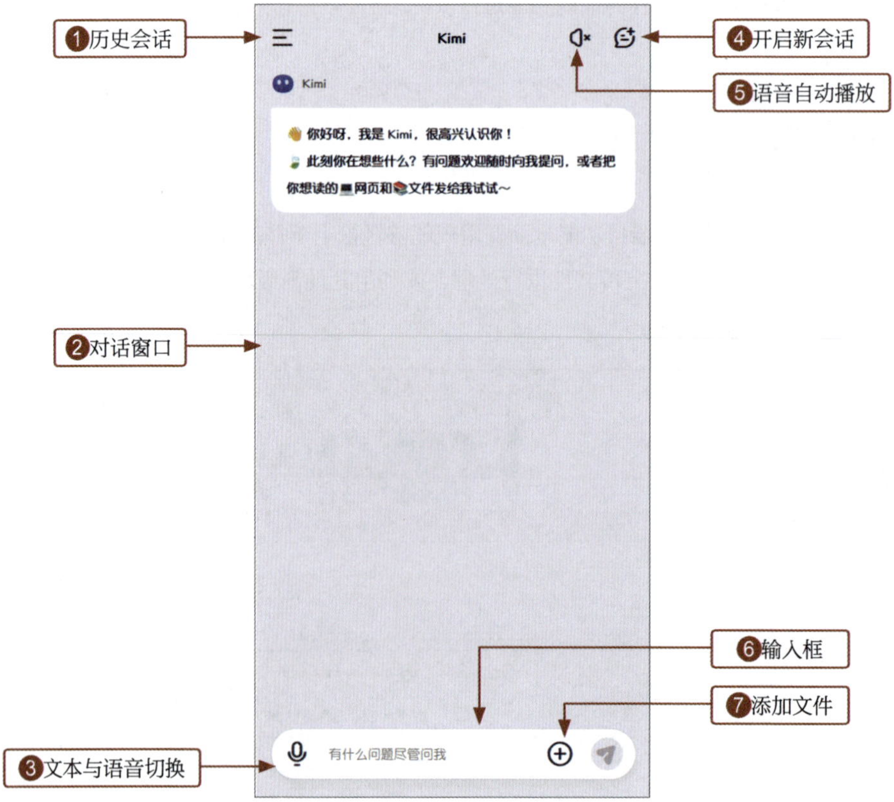

图 2-15　Kimi 智能助手 App 界面

❶ 历史会话：当用户登录账号后，点击左上角的三按钮，进入"历史会话"界面，其中可以查看此前的历史会话。

❷ 对话窗口：与 Kimi 智能助手 App 进行交流的主要区域，用户可以在这个区域中查看自己提出的问题，以及 Kimi 智能助手 App 生成的回答和反馈。

❸ 文本与语音切换：点击按钮，用户可以在输入方式之间进行切换，可以选择语音输入或者文本输入。

❹ 开启新会话：点击按钮，即可开启新会话，该功能允许用户与 Kimi 智能助手 App 开启新的对话或交互。用户在使用 Kimi 智能助手 App 时，如果需要解决一个与之前不同的问题或任务，可以启动一个全新的对话，而不必继续在旧的对话下进行。

❺ 语音自动播放：点击按钮，用户可以设置是否使用语音自动播放 Kimi 生成的回复内容。

❻ 输入框：点击输入框，用户可以在其中输入问题或指令。Kimi 智能助手 App 支持多种语言的对话，尤其是中文和英文。

❼ 添加文件：点击按钮，用户可以上传 TXT、PDF、Word 文档、PPT 幻灯片、Excel 电子表格等格式的文件，Kimi 可以阅读这些文件内容并回复用户。

2.1.4　秘塔AI

秘塔 AI 是上海秘塔网络科技有限公司开发的一款人工智能搜索引擎，它拥有强大的智能交互能力，能够为用户提供一系列高效、便捷的服务。下面将详细介绍秘塔 AI 网页版和手机版界面的主要功能。

视频教学

1. 网页版的页面与功能

秘塔 AI 网页版的页面设计非常简洁，整个页面仅有一个搜索框，用户只需输入关键词即可进行搜索，搜索结果以结构化的形式呈现，使用户能够快速获取关键信息。秘塔 AI 页面中各主要功能模块，如图 2-16 所示。

❶ 主页：选择该选项，进入秘塔 AI 的主页。

❷ 设为默认：选择该选项，将秘塔 AI 设为默认的搜索引擎。

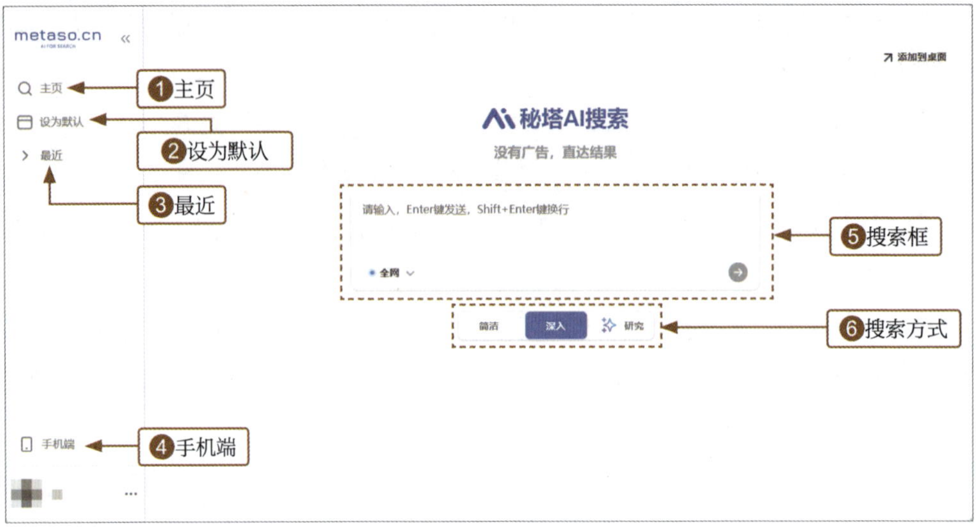

图 2-16　秘塔 AI 网页页面

❸ 最近：选择该选项，查看秘塔 AI 的搜索结果，或继续之前的讨论。

❹ 手机端：选择该选项，将弹出二维码，用户可进行扫码，安装秘塔 AI。

❺ 搜索框：用户可以在其中输入想要查询的关键词或问题，以搜索并获取结果。

❻ 搜索方式：秘塔提供了 3 种搜索方式，即"简洁""深入"和"研究"模式。"简洁"模式会尽量简短地呈现搜索结果，反应速度快；"深入"模式会加入对关键信息的解释，并提供丰富的关联信息和汇总相关性强的链接；"研究"模式将对搜索的内容进行深度挖掘、细致研究，能够生成一份详细的研究报告。

2. 手机版的页面与功能

秘塔 AI 搜索 App 不仅提供了强大的写作辅助功能，还具备高效的搜索引擎功能，能够满足用户在写作和日常搜索中的多种需求。下面介绍秘塔 AI 搜索 App 界面中的各主要功能，如图 2-17 所示。

❶ 搜索范围：点击 全网 ∨ 按钮，弹出"搜索范围"列表框，如图 2-18 所示。在列表框中可以选择搜索范围，每种搜索范围都有其独特的应用场景和优势，用户可以根据自己的需求选择合适的搜索范围。

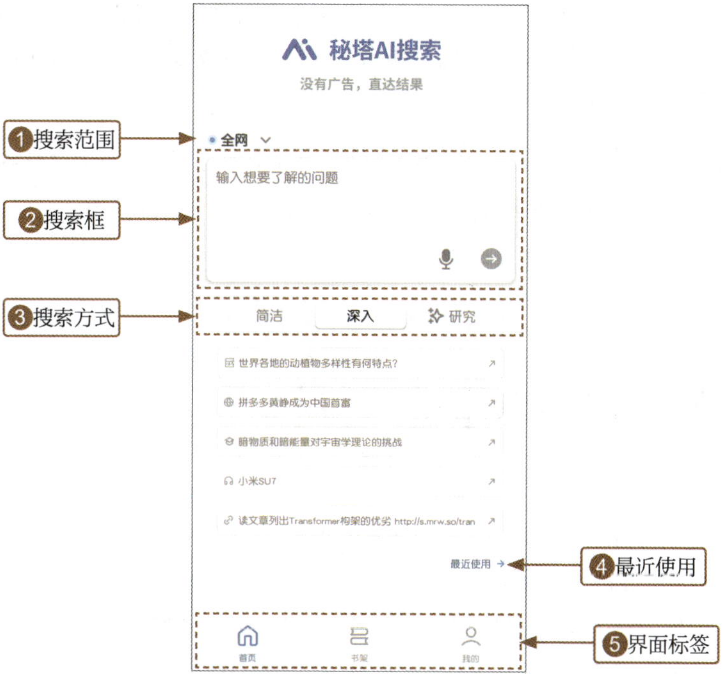

图 2-17　秘塔 AI 搜索 App 界面

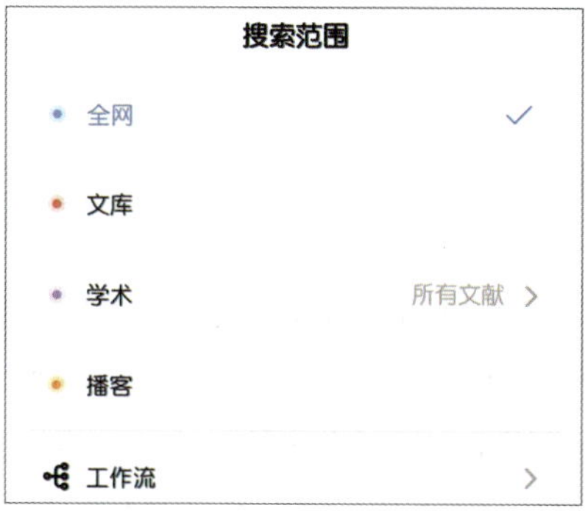

图 2-18　"搜索范围"列表框

专家提醒

　　"全网"搜索提供了最广泛的信息覆盖，但可能需要用户花费更多时间筛选；"文库"搜索侧重于查找各类文档库的信息，能够得到相关的资料；"学术"搜索侧重于选取高质量的学术资料，适合科研人员和学生使用；而"播客"搜索则侧重于获取更个性化的观点和信息，适合追踪特定主题的最新动态和多元视角；"工作流"功能可通过关键词检索，生成相关行业的专业研究报告。

　　❷ 搜索框：点击输入框，用户可以选择文字或语音的形式，与秘塔 AI 搜索 App 进行交流。点击 🎤 按钮，即可"按住说话"，与秘塔 AI 搜索 App 进行语音对话。

❸ 搜索方式：与网页端一样，秘塔 AI 搜索 App 同样提供了 3 种搜索方式，分别为"简洁""深入"和"研究"模式。通过这些模式，秘塔 AI 搜索 App 能够满足用户在不同场景下的需求，从而提升用户的搜索效率。

❹ 最近使用：点击该按钮，进入"搜索记录"界面，其中可以查看历史会话记录。

❺ 界面标签：用户可以选择界面底部的各个选项，实现不同功能界面的切换。例如，选择"我的"选项，即可切换至用户相关信息的界面。

2.2　AI 电商的绘画工具

AI 绘画工具的出现，彻底颠覆了传统艺术创作的时空限制，对创意产业进行了全面重塑。从概念草图的自动化生成，到视觉元素的精密调校，该工具有效打破手工绘制效率低下对艺术家的限制，同时助力商业设计师摆脱重复性操作所带来的创意损耗。本节将聚焦 AI 绘画工具在电商场景中的创新应用，解析其底层技术逻辑与功能差异化优势，并展示它们在实际应用中的强大潜力。

2.2.1　文心一格

文心一格是百度依托飞桨深度学习平台和文心超大规模预训练模型，精心打造的一款创新性的 AI 艺术和创意辅助平台，旨在赋能设计师、艺术家及创意爱好者，提供智能化的艺术创作和创意辅助服务。下面介绍文心一格网页版和手机版的操作界面及各项功能。

视频教学

1. 网页版的页面与功能

文心一格的操作页面简洁、友好，旨在通过人工智能技术帮助用户轻松实现创意绘画。在文心一格的主页中，单击顶部导航栏中的"AI 创作"标签，即可切换至 AI 创作页面，在其中用户通过输入关键词、选择画面类型、调整画幅比例、设置生图数量等步骤，即可轻松实现自己的创意绘画想法，如图 2-19 所示。

图 2-19 文心一格 AI 创作页面

❶ AI 创作：这是文心一格的核心功能，包括"推荐""自定义""商品图""艺术字""海报"等标签，利用 AI 技术可以自动生成相关的创意画作。

❷ AI 编辑：用于对生成的画作进行调整和优化，包括图片扩展、图片变高清、涂抹消除、智能抠图以及涂抹编辑等，进一步提升画作质量。

❸ 导航栏：位于页面顶部，包括"首页""AI 创作""AI 编辑""实验室""热门活动""灵感中心"等标签，帮助用户轻松导航至所需页面。

❹ 创作记录：用于查看和管理已生成的作品，用户可以在该面板中找到之前创作的所有画作，进行查看、编辑、下载、分享或删除等操作。这一功能有助于用户整理自己的创作成果，并方便日后回顾和复用。

❺ 输入框：与 AI 创作功能交互的关键入口，用户可以在此输入与画作主题相关的文字描述，如"海底的海星""冬日梅花"等，这些描述将成为 AI 生成画作的基础，引导模型理解用户的创作意图。

❻ 画面类型：文心一格提供了多种画面类型，如二次元、中国风、插画、超现实主义、像素艺术等，用户可以根据创作需求为画作选择合适的风格。

❼ 比例：用于为生成的画作指定画幅比例，如竖图、方图或横图。这一功能有助于用户根据使用场景（如社交媒体分享、广告海报制作等）调整画作的布局和视觉效果。

❽ 数量：用于指定希望生成的画作数量。用户可以通过拖曳滑块来确定生成画作的数量。但请注意，每生成一幅画作都需要消耗一定的资源（如"电量"），因此建议用户根据实际情

况选择适当的数量。

⑨ 立即生成：设置完成后，单击"立即生成"按钮，即可启动 AI 创作过程。

⑩ 效果欣赏：预览生成的画作效果，供用户查看和编辑。

2. 手机版的界面与功能

文心一格手机版，其界面设计简洁明了，且功能强大，为用户提供了便捷且富有创意的 AI 绘画体验。下面介绍文心一格小程序界面中的主要功能，如图 2-20 所示。

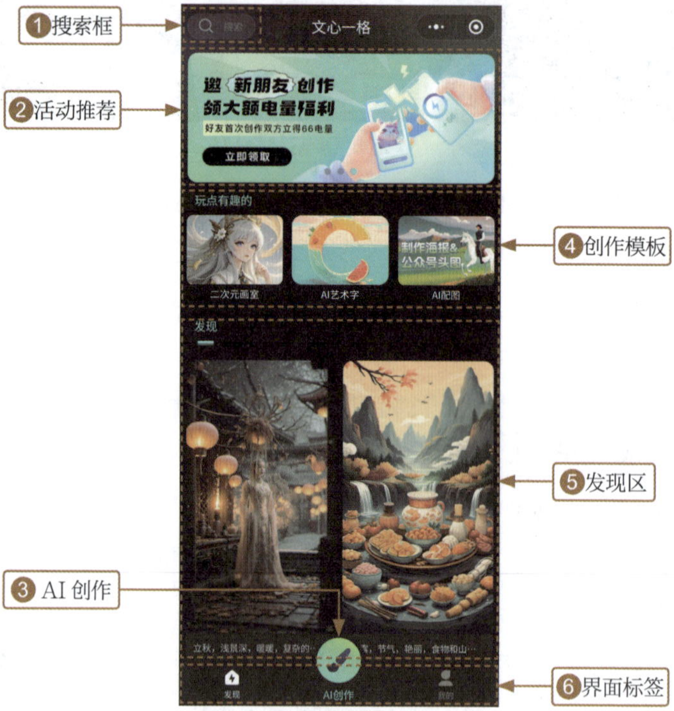

图 2-20　文心一格小程序界面

① 搜索框：点击搜索框，输入画作关键词并进行搜索，即可搜到画作模板。用户可以选择感兴趣的公开画作，点击"我也画"按钮，进行创作。

② 活动推荐：点击图片，跳转至活动界面，用户即可查看或参与相应活动。

③ AI 创作：这是文心一格的核心功能区域，提供了多种风格的模板，用户可以在 AI 创作界面中输入相应的指令或推荐词，文心一格会根据输入的内容生成相应的图片。

④ 创作模板：该区域是 AI 创作的特色功能区域，标签名为"玩点有趣的"，包含"二次

元画室""AI 艺术字"和"AI 配图"等选项，用户可以点击感兴趣的模板进行创作。

⑤ 发现区：这是文心一格的展示区域，用户可以在此查看他人的作品，并进行"点赞""做同款""关注""下载"和"分享链接"等互动。

⑥ 界面标签：用户可以选择界面底部的相应选项，进行功能界面的切换。例如，选择"我的"选项，即可切换至文心一格的用户个人中心界面，它为用户提供了个性化的服务和管理功能，主要包括账号管理和作品管理等。

2.2.2　即梦 AI

即梦 AI 是由字节跳动公司推出的一款 AI 创作工具，用户只需提供文本描述或图片素材，即可让即梦 AI 根据这些描述将创意和想法转化为图像。下面将介绍即梦 AI 网页版和手机版的操作界面及各项功能，帮助大家学会利用 AI 的力量将自己的创意转化为视觉艺术作品。

视频教学

1. 网页版的页面与功能

即梦 AI 的操作界面直观易用，融合了丰富的创作工具与高度自定义功能，支持从图片、文字到视频等多种形式的智能生成与编辑。其页面设计简洁明了，如图 2-21 所示，让用户能够轻松上手并高效完成高质量的创作任务。

图 2-21　即梦 AI 网页页面

❶ 导航栏：包括"探索""活动""个人主页""资产""图片生成""智能画布""视频生成""故事创作"等常用功能，这些功能为用户提供了一站式的 AI 创作平台，旨在降低用户的创作门槛。

❷ 功能区：分为"AI 作图"和"AI 视频"两大板块。其中，"AI 作图"选项区包含了"图片生成"和"智能画布"功能，可以轻松制作创意图像效果；"AI 视频"选项区包含了"视频生成"和"故事创作"功能，可以让用户的创意动起来。此外，即梦还提供了一些辅助功能，如图片参数设置、图片变超清、局部重绘和画面扩图等。

❸ 作品集：包括"灵感"和"短片"两个选项卡，用户可以在此查看他人的作品，并进行点赞♡互动，以及"做同款""关注""下载"和"分享链接"等操作。

2．手机版的界面与功能

即梦 AI App 的界面设计注重用户体验，布局清晰合理，功能按钮和选项一目了然。这样的设计使用户无须花费过多时间熟悉操作，即便是新手用户也能快速上手，轻松享受 AI 创作的乐趣。下面介绍即梦 AI App 界面中的主要功能，如图 2-22 所示。

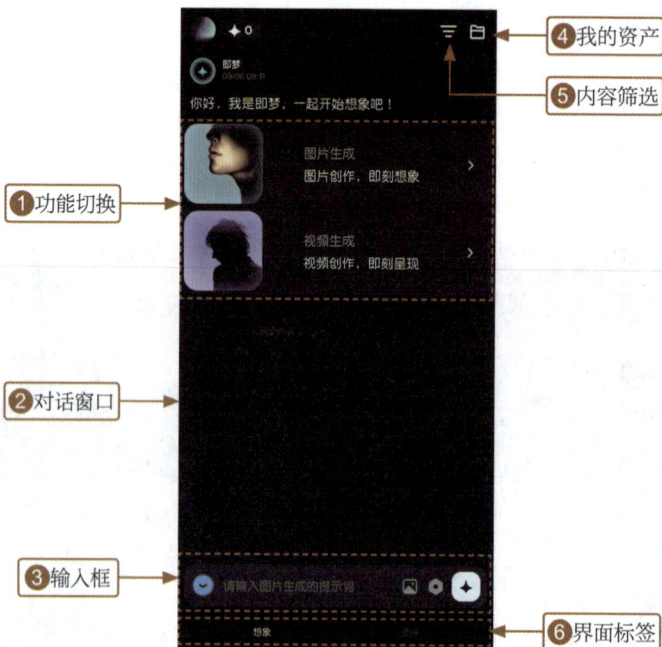

图 2-22　即梦 AI App 界面

❶ 功能切换：该区域包含"图片生成"和"视频生成"两种不同的生成模式，点击相应

的按钮可进行模式切换。

❷ 对话窗口：在此区域查看已生成的图片或视频效果。

❸ 输入框：点击输入框，可输入生成图片或视频的提示词。点击 ◆ 按钮，即可让即梦 AI App 根据提示词内容生成相应的图片或视频效果。点击 ◎ 按钮，弹出相应面板，在其中同样可以切换"图片生成"或"视频生成"模式。点击 ▣ 按钮，可以进入本地图库，选择上传一张图片作为参考图。点击 ◉ 按钮，在"图片生成"模式下，可以选择即梦 AI App 的模型和图片比例；在"视频生成"模式下，可以选择视频的生成时长、运镜方式及视频比例。

❹ 我的资产：点击该按钮，进入"我的资产"界面，在其中可以查看之前所有已生成的图片和视频效果。

❺ 内容筛选：点击该按钮，弹出相应对话框，系统默认在该对话框中显示全部内容，用户可以选择只看图片内容或视频内容，以此对内容进行筛选。

❻ 界面标签：用户可以选择界面底部的各选项，进行功能界面的切换。例如，选择"灵感"选项，切换至"灵感"界面，用户可以在此查看他人的作品，并进行点赞 ♥ 互动，以及"做同款""关注""保存至本地"和"复制链接"等操作。

2.2.3 Midjourney

Midjourney 是一个通过人工智能技术进行绘画创作的工具，用户可以在其中输入文字、图片等提示内容，AI 机器人将自动创作出符合要求的图片。Midjourney 的页面，如图 2-23 所示。

视频教学

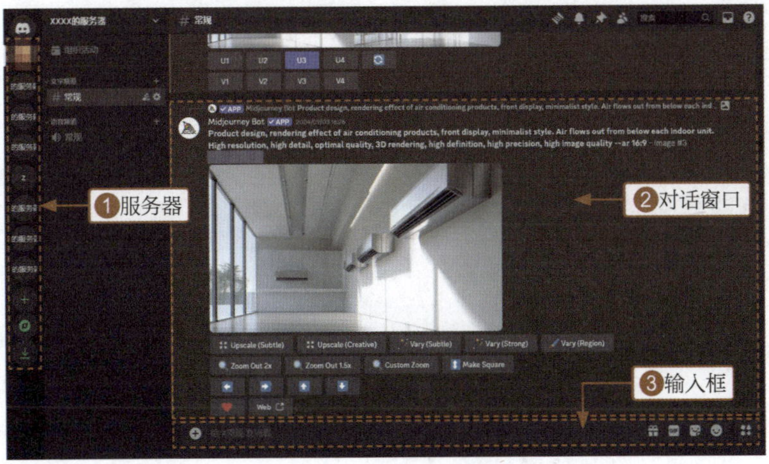

图 2-23 Midjourney 页面

Midjourney 目前在 Discord 频道上运行，需要拥有 Discord 账号才能使用。Discord 是一款免费的通信软件，主要用于好友间的语音、视频和文字聊天。

❶ 服务器：该区域包含所有已创建的服务器，用户可以通过单击对应的服务器缩略图，进入不同的服务器中。

❷ 对话窗口：用户可在这个区域中查看已生成的图片效果和提示词等信息。

❸ 输入框：单击输入框，用户通过输入指令，即可让 Midjourney 根据提示词内容生成相应的图片效果。

2.2.4 Photoshop AI

Photoshop AI 是指在 Photoshop（简称 PS）中嵌入人工智能技术来创造和设计艺术作品的过程，如生成式填充、移除工具，以及 Neural Filters 滤镜等。通过这些技术，Photoshop 可以学习各类艺术风格，并运用这些风格来创造全新的艺术作品。Photoshop AI 的页面，如图 2-24 所示。

视频教学

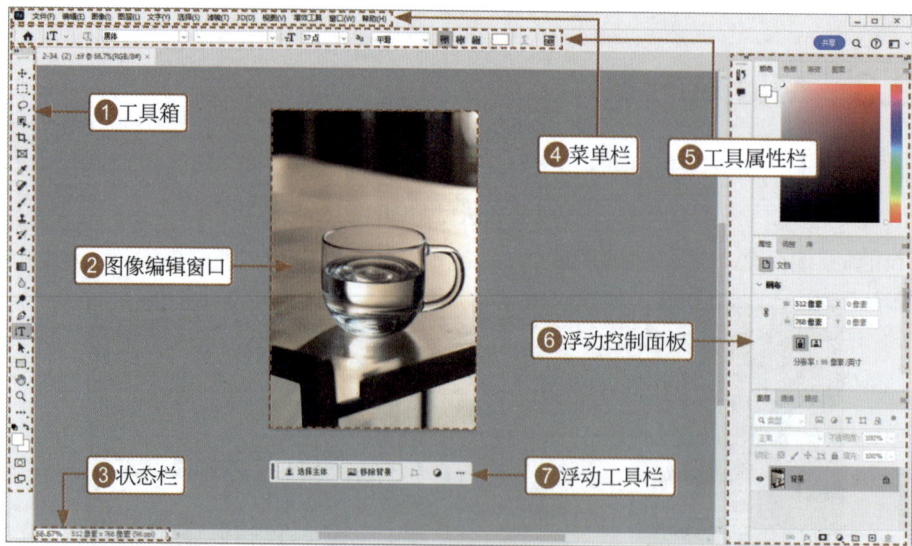

图 2-24 Photoshop AI 页面

❶ 工具箱：包含用于执行各种操作的工具，如创建选区、移动图像、绘图、修复画面污点等。

❷ 图像编辑窗口：显示当前可进行编辑的图像。

❸ 状态栏：查看打开文档的大小、尺寸，以及当前工具和窗口缩放比例等信息。

❹ 菜单栏：包含可以执行的各种命令，单击相应的菜单名称，即可打开菜单。

❺ 工具属性栏：设置工具的各种选项，它会随着所选工具的不同而变换内容。

❻ 浮动控制面板：可帮助用户编辑图像，设置编辑内容和颜色属性，还可以编辑相应的图层、通道和路径。

❼ 浮动工具栏：可对图像进行编辑，当用户创建选区后，将会弹出"生成式填充"按钮，单击该按钮，即可对选区的内容进行编辑。

2.3　AI 电商的视频制作工具

在 AI 驱动的电商内容生产体系中，AI 视频制作工具可依托人工智能技术自动完成视频内容的生成与编辑流程，显著提升制作效率与成品质量，助力用户无须专业技能即可产出专业级视频。本节将系统梳理主流的 AI 电商视频制作工具及其核心功能，解析它们的差异化剪辑能力与操作逻辑。

2.3.1　剪映

剪映，作为一款功能全面的视频编辑工具，具有多种 AI 绘画与视频创作功能。它不仅支持手机端操作，还推出了电脑端版本，以满足用户在不同场景下的视频编辑需求。下面详细介绍剪映电脑版和手机版界面的主要功能。

视频教学

1．电脑版的页面与功能

剪映电脑版，具备多轨编辑、素材库、智能辅助、高质量输出、图文成片、字幕编辑，以及精准音频处理等多项功能。剪映电脑版的页面设计简洁明了，如图 2-25 所示。

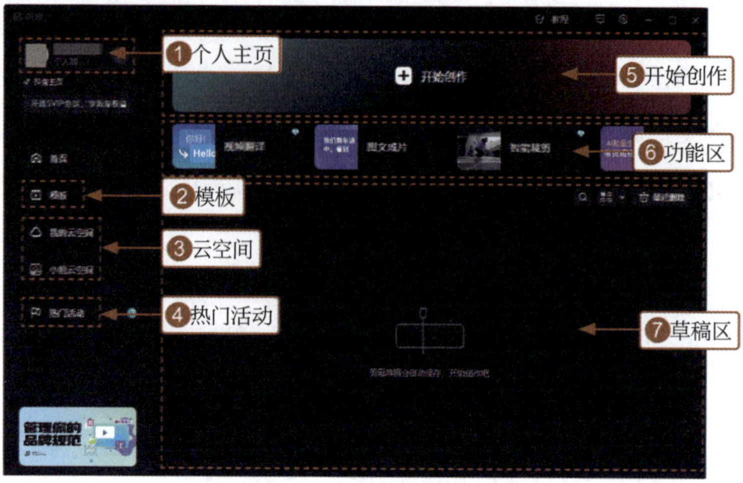

图 2-25　剪映电脑版首页

❶ 个人主页: 单击该按钮, 即可进入个人主页, 用户可以在此查看素材和收藏的内容, 以及发布素材。

❷ 模板: 单击该按钮, 进入"模板"页面, 用户可以根据自身需求选择模板, 使用其进行视频制作。

❸ 云空间: 该区域包括"我的云空间"和"小组云空间"两个板块。用户将视频上传至"我的云空间", 可以将视频进行云端备份; 而"小组云空间"则是一个专为团队协作设计的功能, 可用于团队协作与共享、存储空间与扩容等。

❹ 热门活动: 单击该按钮, 打开"热门活动"页面, 用户可以参与投稿活动。

❺ 开始创作: 单击该按钮, 进入创作页面, 即可开始进行内容创作。

❻ 功能区: 剪映的功能专区, 具备丰富的功能, 如"视频翻译""图文成片""智能剪裁""营销成片""创作脚本"和"一起拍"等, 单击相应按钮, 即可体验对应功能。

❼ 草稿区: 这是草稿专区, 用户剪辑的视频会自动保存在此处, 但仅限于本地保存, 如果用户重新安装该应用或更换电脑设备登录, 将会清空草稿。

2．手机版的界面与功能

剪映 App 集成了丰富的视频编辑功能和工具, 能够满足用户多样化的编辑需求。简洁明了的界面设计和直观的操作方式, 让用户能够轻松上手并快速掌握软件的使用方法。剪映 App 界面中各主要功能模块, 如图 2-26 所示。

图 2-26　剪映 App 主界面

❶ 功能区：包括多种剪辑创作功能，如"一键成片""图文成片""图片编辑""视频翻译"等。选择相应的选项，即可开始创作图片与视频。

❷ 开始创作：点击该按钮，即可开始导入照片或视频素材，进行内容创作。

❸ 试试看：该区域提供了许多的模板，用户可以制作同款视频效果。

❹ 本地草稿：这是一个草稿箱，其中显示了用户创作的所有视频内容。如果用户需要继续编辑之前保存的草稿，只需在"本地草稿"中选中相应的项目，即可快速进入编辑状态，无须从头编辑视频。

❺ 导航栏：包括"剪辑""剪同款""消息"以及"我的"4 个功能标签，每个标签都有特定的作用，为用户提供了全面而便捷的视频编辑和社交体验。

2.3.2　即梦AI

即梦 AI 不仅支持图片生成，还提供视频生成功能，使用户能够将文字描述转换成视频，或利用图片生成视频。两种功能的使用方法大致相同，用户可根据需求选择相应的功能进行视频生成。即梦 AI 的页面，如图 2-27 所示。

视频教学

图 2-27 即梦 AI "视频生成" 页面

❶ 功能切换：该区域包含 "图片生成" 和 "视频生成" 两种不同的生成模式，用户可以单击相应的按钮进行切换。

❷ 输入框：用户可以在此输入与视频主题相关的文字描述，这些描述将成为 AI 生成视频的基础，引导模型理解用户的创作意图。

❸ 编辑区：用户可以在该区域中设置视频的运镜方式、运动速度、生成时长，以及视频尺寸等信息。

❹ 对话窗口：用户可以在此区域查看已生成的视频效果。

2.3.3 腾讯智影

"数字人播报" 是由腾讯智影数字人团队研发多年、不断完善，推出的在线智能数字人视频创作功能，能够高效率地制作电商直播数字人播报视频。腾讯智影平台的 "数字人播报" 功能页面，如图 2-28 所示。

视频教学

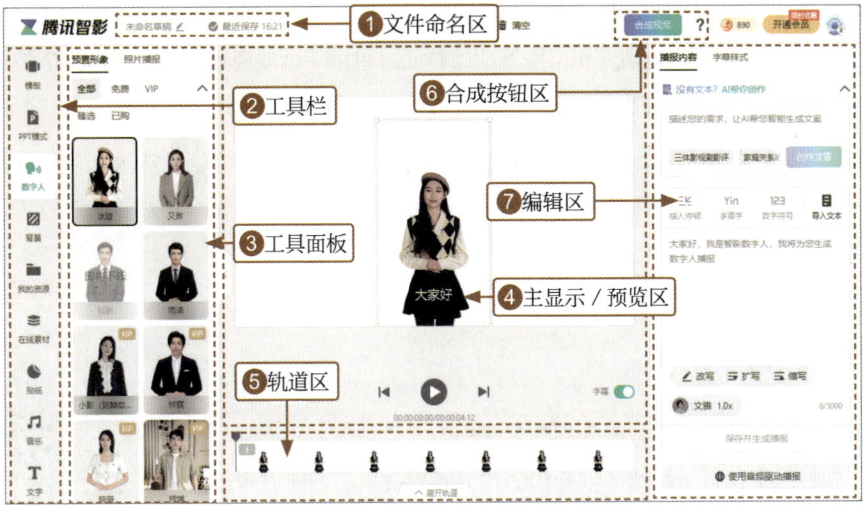

图 2-28　"数字人播报"功能页面

❶ 文件命名区：位于顶部，用于编辑文件名称，并可查看项目文件的保存状态。

❷ 工具栏：页面最左侧为工具栏，用于在视频项目中添加新的元素，如选择套用官方模板、增加新的页面、替换图片背景、上传媒体素材，以及添加音乐、贴纸、花字等素材。单击对应的工具按钮后，会在工具栏右侧的面板中进行展示。

❸ 工具面板：和左侧工具栏相关联，展示相关工具的使用选项，单击右侧的收缩按钮，可以折叠工具面板。

❹ 主显示 / 预览区：也称为预览窗口，可以选择画面上的任一元素，在弹出的右侧编辑区中进行调整，包括画面内的字体（大小、位置、颜色）、数字人（形象、动作）、背景，以及其他元素等。在预览窗口的底部，可以调整视频画布的比例，以及控制数字人的字幕开关。

❺ 轨道区：位于预览区的下方，单击"展开轨道"按钮后，可以对数字人视频进行更精细化的轨道编辑。在轨道上可以调整各个元素的位置关系和持续时间，还可以编辑数字人的动作在轨道上插入的位置，如图 2-29 所示。

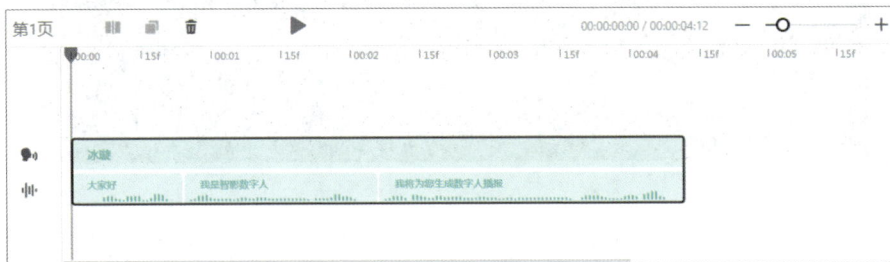

图 2-29　轨道区

⑥ 合成按钮区：确认数字人视频编辑完成后，单击"合成视频"按钮开始生成视频，生成后的数字人视频包括动态动作和口型匹配的画面。单击"合成视频"按钮旁边的 ? 按钮，可以查看操作手册、联系在线客服。

⑦ 编辑区：与预览区中选择的元素相关联，默认显示"播报内容"选项卡，可以调整数字人的驱动方式和口播文案。

2.3.4　可灵AI

可灵 AI 是由快手科技自研的视频生成模型，具备强大的视频创作能力。可灵 AI 在技术上保持着持续的创新和迭代，随着技术的不断进步和算法的优化，可灵 AI 的视频生成能力也越来越强大，为用户带来更加出色的创作体验。下面详细介绍可灵 AI 网页版和手机版界面的主要功能。

视频教学

1. 网页版的页面与功能

进入可灵 AI 官网，单击"首页"页面中的"AI 视频"按钮，即可进入"AI 视频"页面，如图 2-30 所示。在该页面中，用户可以通过输入文本信息或上传图片，制作相关的 AI 视频，还可以选择制作好的视频进行延长操作。

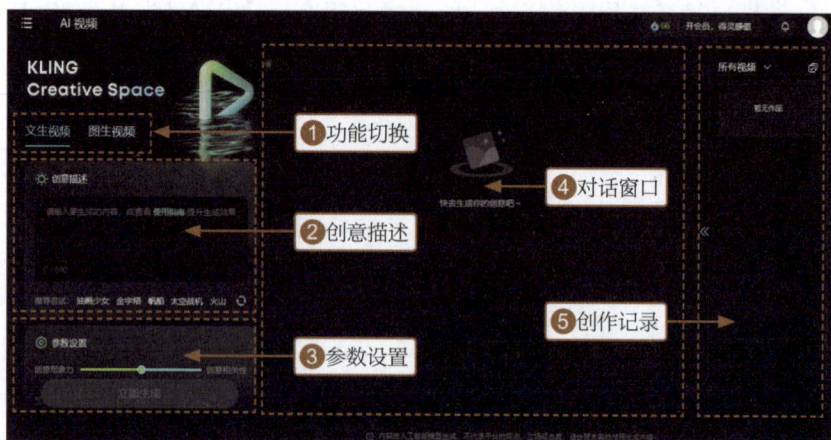

图 2-30　可灵 AI 网页版"AI 视频"页面

① 功能切换：该区域包含"文生视频"和"图生视频"两种不同的生成模式，用户可以单击相应的按钮进行切换。

❷ 创意描述：在此输入与视频主题相关的文字描述，可灵 AI 会根据这些描述生成相应的视频效果。

❸ 参数设置：用于设置视频的各种参数，包括视频的质量、时长、比例、运动速度，以及运镜方式等。

❹ 对话窗口：用于查看已生成的视频效果。

❺ 创作记录：用于查看和管理此前生成的作品，这一功能有助于用户整理自己的创作成果，并方便日后回顾和复用。

2．手机版的界面与功能

虽然可灵没有推出专门的手机版 App，但用户可以借助快影 App 来使用可灵的相关功能，制作出精美的 AI 视频。可灵 AI 手机版的视频生成主要依赖于"AI 生视频"功能，其界面如图 2-31 所示。

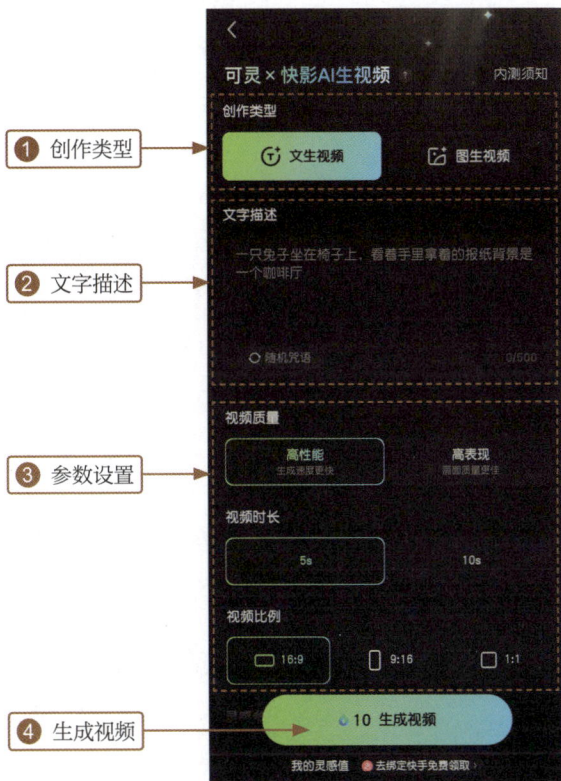

图 2-31　"AI 生视频"界面

❶ 创作类型：该区域包含"文生视频"和"图生视频"两种生成模式，用户可以点击相应按钮进行切换。

❷ 文字描述：在此输入与视频主题相关的文字描述，可灵 AI 会根据这些描述生成相应的视频效果。

❸ 参数设置：用于设置视频的各种参数，包括视频的质量、时长、比例、运动速度，以及运镜方式等。

❹ 生成视频：该按钮中显示了视频生成所需要花费的"灵感值"，点击该按钮，即可消耗灵感值生成视频效果。

专 家 提 醒

用户在使用"AI 生视频"功能生成视频时，每次都需要花费灵感值，灵感值的多少取决于用户设置的各项参数，越是详细复杂的参数设置，所花费的灵感值就越多。

第 3 章
AI 文案写作

　　AI 文案写作依托人工智能技术，可自动化生成符合特定需求的文本内容，为电商行业提供效率提升与创意赋能的双重支持。本章将详细介绍 AI 文案写作的概念与原理，以及它在实际应用中的表现，帮助读者理解该技术如何重构电商内容生产流程并渗透至商业决策各环节。

3.1 AI 文案写作的概念与原理

随着人工智能技术的突破性演进，AI 文案写作已从概念实验转化为商业场景的常态化工具。其通过算法解析语言规律、自动化生成适配文本的特性，不仅重塑了内容生产的底层逻辑，更以高效产出与精准触达能力，推动营销、传媒、教育等多领域实现创作效率与质量的双重跃迁。

本节将从 AI 文案写作的技术概念与运行原理双维度切入，构建兼具专业性与可读性的认知框架，助力读者系统理解这一技术对行业生态的重构潜力。

3.1.1 AI文案写作的技术概念

AI 文案写作是通过人工智能算法模拟人类语言逻辑与创作思维，自动化生成文本内容的技术流程。它不仅提高了写作效率，还降低了人力成本，为各行各业注入了新的生机。

视频教学

在电商领域，该技术可精准复现品牌调性、消费者心理洞察及场景化表达特征，快速生成适配多元场景的文案类型，包括但不限于广告标语、促销话术、产品卖点解析及用户交互引导文本。

AI 文案写作的技术概念，主要涉及人工智能技术在文本创作领域的应用，具体如图 3-1 所示。

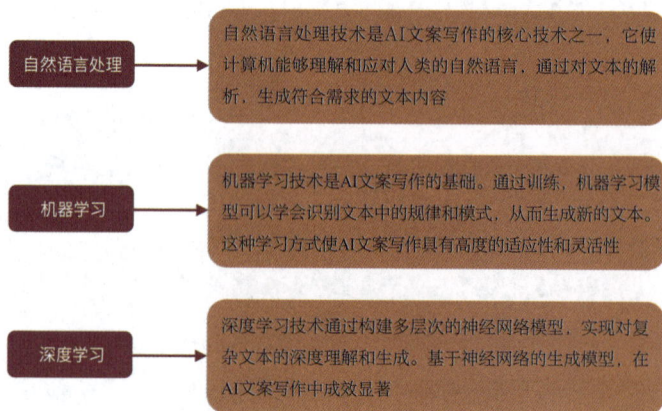

自然语言处理 → 自然语言处理技术是AI文案写作的核心技术之一，它使计算机能够理解和应对人类的自然语言，通过对文本的解析，生成符合需求的文本内容

机器学习 → 机器学习技术是AI文案写作的基础。通过训练，机器学习模型可以学会识别文本中的规律和模式，从而生成新的文本。这种学习方式使AI文案写作具有高度的适应性和灵活性

深度学习 → 深度学习技术通过构建多层次的神经网络模型，实现对复杂文本的深度理解和生成。基于神经网络的生成模型，在AI文案写作中成效显著

图 3-1 AI 文案写作的技术概念

AI 文案写作，作为人工智能技术的重要应用领域，正在重塑文本创作模式。随着技术的不断进步和应用场景的拓展，AI 文案写作将会在更多领域发挥重要作用，带来更加丰富和多样的内容体验。同时，行业需直面 AI 文案生成中存在的数据偏差、版权争议等现实风险，同步推进技术优化与法律监管体系的协同完善。

3.1.2　AI文案写作的技术原理

AI 文案写作的技术原理主要基于自然语言处理和机器学习技术，特别是深度学习模型的应用。下面将从核心步骤和技术特点两个方向，详细解析 AI 文案写作的技术原理。

视频教学

1．核心步骤

通过剖析 AI 文案写作的步骤，我们能够更清晰地了解 AI 文案写作系统是如何从海量原始数据中萃取智慧，并最终将其转化为兼具创意与实用价值的文案作品。具体表现为以下几点。

(1) 数据收集与预处理。AI 文案写作系统需先收集大量的文本数据，这些数据可能包括新闻报道、广告文案、社交媒体内容等。接着系统对数据进行预处理，包括清洗、分词、词性标注等，以便后续模型的学习和分析。

(2) 模型训练。在预处理的数据基础上，系统通过深度学习模型进行训练。这些模型可以学习文本中的语法、语义和上下文关系，从而理解并生成自然语言。常用的深度学习模型包括循环神经网络、长短期记忆网络等，这些模型通过多层的神经网络结构，自动提取文本的特征和规律。

(3) 文本生成。在模型训练完成后，系统可根据输入的提示词、主题或模板生成相应的文案。文本生成过程涉及解码器、注意力机制等技术，以确保生成的文案符合语法规则和上下文关系。

2．技术特点

在深入剖析 AI 文案写作的核心步骤后，接下来我们将聚焦于其独特的技术。这些技术特点不仅凸显了 AI 文案写作相较于传统写作方法的优势，更是推动其在多个行业领域实现广泛应用的关键驱动力。通过系统了解这些技术特点，我们能够更为全面、深入地洞察 AI 文案写作系统所蕴含的创新性与实用性。

(1) 自动化与高效性。AI 文案写作技术能够自动化地完成文案创作过程，极大地缩短了写作时间。相比传统的人工写作，AI 可以在短时间内生成大量文案，满足快速响应市场需求和大量内容产出的需求。

(2) 个性化与定制化。AI 文案写作系统能够根据用户的输入条件，如主题、风格、受众等，自动生成符合特定需求的文案。这种个性化定制能力，使得文案更加贴近目标受众，提高了文案的针对性和有效性。

(3) 学习与进化。AI 文案写作系统通过不断学习和优化算法模型，能够逐步提升文案创作的品质和效率。随着训练数据的增加和模型的不断迭代，AI 将能够生成更加自然、流畅且富有创意的文案。

3.2　AI 文案写作的高效写作方法

在写作文案内容时，为了使文案的整体价值最大化，可以拆分各个结构，并分别进行拟写和润色，这有助于提高文案的清晰度、吸引力和说服力，从而达到高效写作的目的。本节将介绍运用不同的 AI 文案创作工具进行高效写作的操作方法，使用户对 AI 文案写作的步骤有一个初步的了解。

3.2.1　生成标题文案

使用 AI 工具生成标题文案，需要用户给出相应的提示词，越是清晰、具体的提示词，越容易获得令人满意的答案。下面介绍运用 AI 文案创作工具生成不同类型的标题文案的操作方法。

视频教学

1．悬念式

悬念式标题文案，是指在标题中设置一个问题或挑战，以引起受众的好奇心和兴趣。

用户可以在文心一言中输入提示词，以引导文心一言生成悬念式标题文案。相关的提示词和回复内容如下。

提示词

请提供以汽车广告为主题的悬念式标题文案。

文心一言

这里有几个可以激发好奇心的悬念式标题，用于汽车广告。

1. "迷雾中的疾驰：揭秘即将颠覆未来的神秘座驾，你准备好了吗？"

2. "暗夜追踪者：一辆只在月光下显露真容的汽车，它隐藏着什么秘密？"

3. "速度与激情的预告：倒计时开始，一款超越想象的新车即将震撼登场！"

4. "光影交错间，奇迹诞生：一款即将颠覆你对汽车认知的梦幻座驾！"

5. "不止是车，是未到的传奇：揭开神秘面纱前，先感受这份前所未有的期待！"

6. "明日之路，今日启程：一款即将引领潮流，却仍藏身于阴影中的超级座驾！"

7. "时间的裂缝中驶来：一辆超越时代的汽车，正悄然改变着我们的出行方式！"

8. "当科技遇见艺术：一场关于汽车设计的未解之谜，等你来揭开！"

2. 对比式

对比式标题文案，是指在标题中加入对比，制造不同事物或事件之间的差异化，以便受众快速了解文章的主要内容。

用户可以在智谱清言中输入具体的描述，并令其根据要求生成对比式标题文案。相关的提示词和回复内容如下。

提示词

为一篇关于选择自动挡还是手动挡产品的推广文章提供对比式标题文案。

智谱清言

当然可以，以下是关于选择自动挡还是手动挡产品的对比式标题文案。

1. "驾驶革命：自动挡与手动挡，哪一种操控更能触动你的心？"

2. "轻松驾驭还是极致操控？自动挡与手动挡车型对比解析！"

3. "智能自动挡对决传统手动挡：你的汽车，你做主！"

4. "效率至上还是驾驶乐趣？自动挡与手动挡车型对比指南。"

5. "选择难题：自动挡的便捷性对抗手动挡的纯粹驾驶乐趣。"

6."自动挡 vs 手动挡：揭秘两者差异，选择更适合你的驾驶体验。"

7."自动挡 vs 手动挡：成本、性能、乐趣，全方位对比分析！"

8."新手司机必看：自动挡的易用性与手动挡的技术挑战对比。"

9."未来趋势还是经典传承？自动挡与手动挡车型终极对决。"

3．隐喻式

隐喻式标题文案，是指在标题中融入隐喻手法的文案技巧，能够生动形象地吸引读者的注意力，并使其产生情感共鸣。

用户可以运用秘塔 AI，快速生成隐喻式标题文案，下面介绍具体的操作方法。

01 在秘塔 AI 中输入具体的需求，按【Enter】键确认，即可获取标题文案。相关的提示词和回复内容如下。

👤 提示词

为一家手机店的开业活动宣传海报提供隐喻式标题文案。

⛰ 秘塔 AI 搜索

1."掌中新世界，一触即发 —— 手机店盛大启航，连接未来每一刻！"

2."解锁科技密码，点亮生活色彩 —— 手机盛宴，等你来探索！"

3."从指尖到心间，智启无限可能 —— 手机店劲爆开业，智慧生活一触即享！"

4."穿越数字迷雾，引领潮流风向 —— 全新手机店，为您导航科技新航道！"

5."握在手中的宇宙，开启智慧之门 —— 手机盛宴启幕，让未来触手可及！"

6."每一刻精彩，都值得被记录 —— 手机店盛大开业，捕捉生活每一个瞬间！"

7."连接你我，智绘未来 —— 手机新纪元，从这家店开始书写！"

8."科技之光，照亮生活每个角落 —— 手机店璀璨启幕，让智能融入日常！"

9."掌中宝盒，解锁未来奥秘 —— 手机盛宴，邀您共赴科技奇幻之旅！"

10."从屏幕到心灵，搭建沟通的桥梁 —— 手机店盛大开业，让爱无界，沟通无限！"

02 若觉得生成的文案过于大众化，则可以让 AI 生成更加小众、更具吸引力的标题文案。相关的提示词和回复内容如下。

👤 提示词

为一家手机店的开业活动宣传海报提供隐喻式标题文案，更小众、更有吸引力一点。

🔺 秘塔 AI 搜索

以下是一些更小众且具吸引力的隐喻式标题文案,用于手机店开业活动的宣传海报:

1. "迷雾中的信号塔 —— 手机店启航,引领你穿越信息迷雾,直达心灵彼岸。"

2. "掌中秘境,一触即现 —— 店铺新张,解锁手机背后的奇幻世界。"

3. "未来之声,在耳畔低语 —— 手机店开业,让未来科技的旋律只为你响起。"

4. "星河入掌,触手可及 —— 科技之光,在手机店汇聚成河,等你来探索。"

5. "时间的裂缝,由你缝合 —— 全新手机,新店首发,让每分每秒都紧密相连。"

6. "思维的跃迁,从这部手机开始 —— 店铺新启,引领你的思维跨越现实与未来的边界。"

7. "梦境编织者,于掌心绽放 —— 手机店盛大开业,让每一场梦都触手可及,真实可感。"

8. "微光里的宇宙,等你遨游 —— 新店开张,邀你一同探索手机中藏着的无限宇宙。"

9. "遗忘的密语,在此重获新生 —— 手机店开业,让旧日情怀与现代科技交织。"

10. "镜像之界,现实与幻想的交汇点 —— 店铺新张,用一部手机,连接两个世界的精彩。"

4. 数字式

数字式标题文案,顾名思义是一种在标题中融入数字的文案技巧。这类标题文案中包含的数字,能够更直观、有说服力地展现文章或视频的核心内容,满足人们快节奏、泛娱乐的需求。

用户可以尝试在 Kimi 中输入合适的提示词,以获得数字式标题文案。下面介绍具体的操作方法。

01　在 Kimi 中输入对话前提,按【Enter】键确认,相关的提示词和回复的内容如下。

🔲 提示词

数字式标题文案是什么。

Ⓚ Kimi

数字式标题文案是指利用具体、醒目的数字来构建标题内容的一种文案形式。这种文案通过直观的数字信息吸引读者注意,快速传达关键信息点或价值主张,如优惠力度、产品特性数量、效果对比等,从而激发读者的兴趣和好奇心,促使他们进一步阅读或采取行动。

这类标题通过明确的数字信息,让读者对文章内容有一定预期,认为内容更加具体、实用,从而提高点击率和阅读兴趣。除此之外,数字还可以突出改变的幅度、排序列表或数据统计,增加文章的权威感。

02　在同一聊天窗口中输入提示词,让 Kimi 提供关于宣传无线耳机产品的数字式标题文案。相关的提示词和回复内容如下。

提示词

请提供关于宣传无线耳机产品的数字式标题文案。

Kimi

当然可以，以下是 10 个关于宣传无线耳机产品的数字式标题文案示例：

1. "【震撼上市】无线耳机，仅重 20 克，享受 40 小时超长续航音乐盛宴！"
2. "【降噪新纪元】降噪深度达 35dB，无线耳机带你进入零干扰的音乐世界！"
3. "【音质飞跃】高清音频解码，无线耳机呈现百万分之一失真率的极致音质！"
4. "【一键触控】智能触控操作，无线耳机让你轻松切换歌曲，仅需 0.1 秒！"
5. "【防水无忧】IPX7 级防水认证，无线耳机陪你游泳、健身，无惧汗水与雨水！"
6. "【距离无界】蓝牙 5.2 稳定连接，无线耳机有效距离达 10 米，自由穿梭无障碍！"

3.2.2　生成文案开头

在这个信息爆炸的时代，用户注意力高度分散，注意力资源极度稀缺。一个极具吸引力的文案开头，能于短时间内迅速吸引用户目光，激发他们对产品的好奇与兴趣，为后续产品推广或内容传播筑牢根基。好的标题文案左右着受众是否观看文章或视频的决策，而好的文案开头则关乎受众能否完整观看文章或视频，所以对文案开头的创作不可松懈。下面举例说明运用 AI 工具生成不同类型文案开头的方法。

视频教学

1．点明主题式

点明主题式文案开头，是指在开头就直接点明主题的文案技巧，即"开篇点题"。这类文案技巧可以借开头引出文章的中心主题，让受众一目了然，并且能够给受众留下深刻的印象。

用户可以在文心一言中输入提示词，以引导其生成点明主题式文案开头。

01 在文心一言中输入提示词，让文心一言建立对话前提。相关的提示词和回复内容如下。

提示词

点明主题式文案开头是指在开头就直接点明主题的文案技巧。

文心一言

　　是的，点明主题式文案开头是一种直接而有效的写作技巧，它在文案的开头部分就明确地告诉读者文案的主要内容或目的。这种技巧可以迅速吸引读者的注意力，并激发他们继续阅读的兴趣。点明主题式的开头方式简洁明了，能够让读者快速了解文案的核心信息，从而决定是否继续阅读。

02　输入具体的需求，让文心一言提供关于电商产品广告语的点明主题式文案开头示例。相关的提示词和回复内容如下。

提示词

　　提供 5 个关于电商产品广告语的点明主题式文案开头示例。

文心一言

　　当然，以下是 5 个针对电商产品广告语的点明主题式文案开头示例。

1. 智能手表广告："掌控您的健康，从这款全新智能手表开始。"

2. 环保购物袋："减少塑料污染，选择我们的可重复使用环保购物袋。"

3. 高端耳机："沉浸式音质体验，尽在这款高端无线耳机。"

4. 有机护肤品："自然之美，源自我们的有机护肤系列。"

5. 智能家居系统："智能化您的家，享受便捷安全的智能家居生活。"

　　这些文案开头直接突出了产品的主要卖点或用途，有助于快速吸引目标消费者的注意力。

2. 创设情境式

　　创设情境式文案开头，是指在开头虚拟一个场景或提出一个问题，引起受众产生画面感的文案技巧。

　　用户可以运用秘塔 AI 生成创设情境式文案开头，采用套用句式进行提示词提问，具体的操作方法如下。

01　在秘塔 AI 的输入框中输入对话前提。相关的提示词和回复内容如下。

提示词

　　创设情境式文案开头是指在开头虚拟一个场景或提出一个问题，引起受众产生画面感或进行思考的文案技巧。

⋀ 秘塔 AI 搜索

创设情境式文案开头的确是一种非常有效的写作技巧，这种方法能够迅速抓住读者的好奇心，让他们在脑海中形成一幅画面，或是激发他们对问题的思考，尤其适合在广告、品牌故事、博客文章或演讲中使用。通过引入一个虚拟场景或提出一个引人深思的问题，可以迅速吸引受众的注意力，激发他们的想象力和情感共鸣，从而增强信息的传递效果。

02 输入具体的需求，让秘塔 AI 提供一个创设情境式的文案开头。相关的提示词和回复内容如下。

🧑 提示词

请提供一个适合于充电宝产品的创设情境式文案开头。

⋀ 秘塔 AI 搜索

在繁忙的都市生活中，你是否曾遭遇手机电量告急的紧急时刻？想象一下，当你正准备在地铁上回复重要邮件时，却发现手机电量只剩下最后的 1%。此时，如果你的手中有一个轻巧便捷的充电宝，一切焦虑都将烟消云散。我们的充电宝，就像是你的随身电力站，时刻准备为你的设备注入活力，让你随时随地保持联系，不再错过生活的每一个精彩瞬间。

3．设置问题式

设置问题式文案开头，是指在开头向受众提出问题的文案技巧。这个文案技巧要求提出的问题是面向目标人群、极具吸引力的，或是能够启发受众，或是给予受众选择，或是拓宽受众的思维边界。

用户可使用智谱清言生成设置问题式文案开头，相关的提示词和回复内容如下。

🧑 提示词

以设置问题的方式生成一段背包产品的文案开头。

◉ 智谱清言

还在为找不到一款既时尚又实用的背包而烦恼吗？是不是厌倦了背包不够耐用、空间规划不合理的问题？想要一个能陪你穿梭在各种场合，同时保护你贵重物品的安全伴侣吗？如果你的答案是肯定的，那么这款全新设计的多功能商务背包绝对是你不容错过的选择！

3.2.3　生成内容布局

为实现吸引受众关注的目标，文案内容布局包含多种形式，如悬念式、平行式、层进式、镜头剪接式等。这些不同类型的内容布局方案均可借助 AI 文案创作工具生成，用户只需提供恰当的提示词。本节将阐述运用不同 AI 文案创作工具生成内容布局的具体方法。

视频教学

1．悬念式

悬念式内容布局，是指在讲述文案内容时，不会完整地讲述全部事件，而是在情节发展的关键之处分开，给受众留下悬念，以此来调动受众的观看兴趣。这类内容布局方式能够极大地吸引受众的关注和阅读兴趣。

在 Kimi 中生成悬念式内容布局，可以先提供一个实例，然后让其模仿实例来生成答案，具体的操作方法如下。

01　在 Kimi 的输入框中输入提示词，让 Kimi 提供一篇悬念式文章范例。相关的提示词和回复内容如下。

👤 **提示词**

> 请提供一篇悬念式文章范例，200 字以内。

🅚 **Kimi**

> 夜幕降临，老图书馆的灯光显得格外昏黄。我独自走在长长的书架间，寻找着那本传说中的禁书。突然，一阵冷风吹过，书页"哗哗"作响。我转身，却什么也没有看到。当我再次回头，那本书静静地躺在桌上，封面上画着一只血红的眼睛，仿佛在注视着我。我伸手去拿，却听到了一声低沉的警告："不要打开它。"是谁在说话？我环顾四周，空无一人。但我知道，有些事情，一旦开始，就无法回头……

02　继续输入具体的需求，让 Kimi 生成悬念式的内容布局。相关的提示词和回复内容如下。

👤 **提示词**

> 模仿悬念式文章的写法，提供一篇关于笔记本电脑新品发布的文章，字数在 200 字以内。

🅚 **Kimi**

> 随着发布会的灯光渐渐暗淡，一个神秘的身影走上舞台，手中的新款笔记本电脑在聚光灯下显得格外冷冽。人群中的窃窃私语瞬间被一片寂静所取代。他轻触键盘，屏幕上突然闪现出一行代码，紧接着

是一连串的数字和符号。人们屏息以待，等待着揭秘。突然，电源灯熄灭，整个会场陷入了黑暗。手机的闪光灯开始在黑暗中摇曳，正当所有人感到困惑时，电脑屏幕重新亮起，显示出一句令人不安的消息："这不是结束，只是开始。"发布会结束了，但关于这款笔记本电脑的秘密，才刚刚开始……

2. 平行式

平行式内容布局，是指平叙其事，讲述一个事件的多个方面，或是多个事件一起讲述的结构形式。在这类结构中，所叙述的事件没有高低、先后之分，属于平行并列的关系。

下面介绍运用秘塔 AI 生成平行式内容布局的方法，相关的提示词和回复内容如下。

📇 提示词

用平行式内容布局方式生成一段电动车产品的宣传文案。

⛰ 秘塔 AI 搜索

绿色出行，未来已至 —— 您的智能电动车新选择

1. 零排放，绿色动力

搭载高效能电动驱动系统，我们的电动车实现零排放，减少碳足迹。每一次出行，都是对清新空气的守护，让绿色生活触手可及。

2. 超长续航，无忧旅程

配备大容量锂电池，提供超长续航里程，无论是城市通勤还是周末郊游，都能轻松应对，让您的旅程无忧无虑。

3. 智能互联，尽在掌握

通过手机 App 即可远程控制车辆，实时查看电量、定位追踪，甚至智能规划最优路线。智能互联，让您的出行更加便捷高效。

4. 安全防护，全面升级

采用多重安全防护措施，包括智能刹车系统、防滑轮胎及坚固车身结构，确保行驶过程中的安全与稳定，让您和家人享受安心的旅程。

5. 驾驭未来，从一辆智能电动车开始！

选择我们的电动车，不仅是选择了一种绿色、环保的出行方式，更是选择了一个充满科技感与便捷性的未来生活。立即行动，开启您的智能出行新篇章！

3.层进式

层进式内容布局，是指所描述的事件、话题等具有环环相扣、循序渐进关系的结构形式。这种结构形式非常适合需要逐步展开和详细解释的复杂主题，它有助于读者更好地理解和吸收信息。

运用智谱清言生成层进式内容布局时，可以先生成一个故事开头，然后按照故事发展顺利进行续写，具体的操作方法如下。

01 使用智谱清言生成一个文案的开头。相关的提示词和回复内容如下。

🧑 提示词

提供一个营销文案的开头。

🔵 智谱清言

在这个瞬息万变的时代，每一刻都涌动着创新的浪潮，而您，正是这股浪潮中不可或缺的引领者。想象一下，当晨光初破晓，第一缕阳光穿透云层，不仅照亮了大地，也预示着无限可能的新一天。正如这新生的光芒，我们携手为您带来一场前所未有的体验——【品牌名】新品震撼上市！

我们深知，在这个快节奏的生活中，品质与个性的融合是每一位追求者心中不灭的火焰。【品牌名】匠心独运，历经无数个日夜的精心打磨，只为在这方寸之间，为您打造出一款不仅能够触动心灵，更能彰显您独特品位的杰作。它不仅仅是一件产品，更是您生活态度的延伸，是对美好不懈追求的象征。

我们相信，每一次的相遇都是缘分使然，而【品牌名】与您的相遇，将开启一段关于梦想、关于探索、关于自我超越的非凡旅程。从设计灵感的迸发到材料选择的严苛，从工艺技术的突破到用户体验的极致优化，每一步都凝聚着我们对完美的执着追求。

现在，就让我们一起，揭开这神秘的面纱，共同见证【品牌名】新品诞生的辉煌瞬间。它不仅仅代表着一次产品的升级，更是对未来生活方式的一次勇敢探索与重新定义。准备好了吗？让我们一起，拥抱这份来自未来的惊喜，开启专属于您的非凡之旅！

02 使用智谱清言，根据事情发展的先后顺序继续编写文案，便可得到层进式内容布局。相关的提示词和回复内容如下。

🧑 提示词

请按事情发展的先后顺序续写这个文案。

🔵 智谱清言

随着新品的发布消息如涟漪般缓缓散开，社交媒体上迅速掀起了讨论的热潮。首先，我们的预告视频在各大平台上惊艳亮相，那是一段融合了科技与美学的视觉盛宴，每一帧都精心策划，旨在激发观众对未知的好奇与渴望。视频中，神秘而优雅的产品轮廓若隐若现，配以悠扬的背景音乐，仿佛在诉说着一个关于创新与梦想的故事。

紧接着，行业内的权威媒体与知名博主纷纷被这份独特魅力所吸引，他们主动联系我们，希望能第一时间体验并分享这款产品的魅力。通过他们的专业评测和亲身体验，新品的多项创新功能与卓越品质得到了广泛认可，口碑如潮，迅速在消费者心中树立了良好的品牌形象。

与此同时，我们精心策划了线上线下联动的营销活动。在线上，通过直播发布会、互动问答、限时抢购等形式，让消费者近距离感受新品的独特魅力，并有机会赢取丰厚的奖品。线下则选择了多个城市的核心商圈，举办新品体验展，让消费者亲身体验产品的每一个细节，感受那份由内而外的精致与匠心。

随着活动的深入，越来越多的消费者被深深吸引，他们开始分享自己的使用体验，无论是产品的外观设计、性能表现，还是使用过程中的便捷与舒适，都成为他们津津乐道的话题。这些真实的声音，如同星星之火，迅速点燃了市场的热情，新品销量节节攀升，供不应求。

在这个过程中，我们也收到了大量来自消费者的反馈与建议。我们深知，每一次的改进与升级都离不开用户的支持与信任。因此，我们迅速组建专项团队，对收集到的每一条意见进行认真分析，并不断优化产品与服务，力求为消费者带来更加完美的体验。

随着新品在市场上的持续热销，【品牌名】不仅成功巩固了自身在行业内的领先地位，更赢得了广大消费者的喜爱与信赖。我们深知，这只是一个新的起点，未来还有更多的挑战与机遇等待着我们。但我们相信，只要保持初心，不断创新，就一定能够携手广大消费者，共同创造更加美好的明天。而这一切的起点，正是从那次震撼上市的新品发布会开始，它像一颗璀璨的星辰，照亮了我们的前行之路。

> **专家提醒**
>
> 分阶段地呈现信息，可以避免一次性展示过多的内容，让用户能够专注于当前层级的信息。可以看到，智谱清言按照用户指令，生成了符合故事发展先后顺序的内容，展现出层次递进关系。将复杂的信息分解成多个较小的内容块，并以合理的顺序呈现，能更好地展现每一层级的核心信息。

3.2.4　生成文案结尾

文案结尾承担着总结并强调核心观点、呼吁读者付诸行动、为读者留下鲜明印象，以及引导读者展开深度思考的职能，优质的结尾能有效提升文案的吸引力与影响力。本节主要介绍运用 AI 工具生成文案结尾的方法。

视频教学

1. 呼应型

呼应型文案结尾，是指在文案结尾处呼应文案开头或主体内容的方法，它的主要作用在于强化信息传递，有助于加深读者的印象、增强读者的信任度。

用户可以尝试在文心一言中输入提示词，以生成呼应型文案结尾。下面介绍具体的操作方法。

01 使用文心一言，生成一段关于电商产品的文案开头。相关的提示词和回复内容如下。

👤 提示词

为烤箱产品提供一段描述作为文案开头。

📮 文心一言

可以考虑用这样的描述来吸引潜在顾客：

"在温馨的厨房一隅，静卧着一款集现代科技与匠心工艺于一身的烤箱，它不仅是烹饪艺术的工坊，更是家庭温馨与美味创意的源泉。采用高级不锈钢材质，搭配流线型设计，这款烤箱以其优雅的外观，瞬间成为厨房中的焦点。内置智能温控系统，精准调控每一度热量，无论是烘焙松软的面包、烤制金黄酥脆的披萨，还是慢烤出汁的烤肉，都能轻松驾驭，让每一次烹饪都成为一场味蕾与视觉的双重盛宴。搭载的多功能模式，从上下火独立控制到热风循环，满足你对美食的无限想象与追求。让我们一起，用这款智能烤箱，开启一场关于美食的奇妙探索之旅，让家的味道因它而更加温馨、美味。"

02 根据这段文案开头，使用文心一言生成一段前后呼应的文案结尾。相关的提示词和回复内容如下。

👤 提示词

根据这段文案开头提供一段前后呼应的文案结尾。

📮 文心一言

在每一次烘焙的甜蜜等待中，这款烤箱不仅温暖了食材，更温暖了家的每一个角落。当香气四溢，美食出炉的那一刻，家人围坐，共享这份由心而发的幸福滋味。它不仅仅是一个厨房电器，更是连接情感的桥梁，让爱与美食在每一次相聚中交织升华。随着时光的流转，这款烤箱将见证无数温馨的家庭时光，记录下每一次尝试与成功的喜悦。让我们用这款智能烤箱探索更多美食的奥秘，让家的味道永远那么熟悉、那么令人向往。在未来的日子里，愿它继续成为您烹饪旅程中的忠实伙伴，共同编织更多关于爱与美食的美好记忆。

2．修辞型

修辞型文案结尾，是指在结尾处运用修辞手法来写作的文案技巧，可以起到增强文案的表现力和感染力，增加受众记忆点的作用。

运用智谱清言生成修辞型文案结尾，可以在提示词中添加具体的修辞手法，以便获得更有效的回复。下面介绍具体的操作方法。

01 使用智谱清言生成对话前提。相关的提示词和回复内容如下。

提示词

> **你知道比喻手法吗?**

智谱清言

> 是的，我非常熟悉比喻手法。比喻是一种常用的修辞手法，它通过将一个事物或概念与另一个具有相似特征的事物或概念相比较，来增强表达的效果，使读者或听者能够更生动、更具体地理解所描述的内容。
>
> 比喻通常包括本体、喻体和喻词三个要素。本体是被比喻的事物或概念，喻体是用来作比的事物或概念，而喻词则是连接本体和喻体的词语，如"像""好像""仿佛"等。
>
> 比喻手法有很多种，常见的有明喻、暗喻、借喻等。明喻是直接用喻词把本体和喻体连接起来的比喻，暗喻则是不出现喻词，直接用喻体代替本体。借喻则是本体和喻词都不出现，直接用喻体来代替本体。
>
> 比喻手法可以使语言更加生动形象，增强作品的艺术感染力。同时，在日常生活和工作中，我们也常常使用比喻来传达思想、表达情感，使沟通更加顺畅有效。

02 输入具体的需求，让智谱清言运用比喻手法提供文案结尾。相关的提示词和回复内容如下。

提示词

> **请运用比喻手法为一篇宣传皮鞋产品的文章提供文案结尾。**

智谱清言

> 以下是一段运用比喻手法为皮鞋产品宣传文章所写的结尾文案：
>
> 每一步都闪耀着自信的光芒，就像穿在我们脚下的这双皮鞋，它们不仅是行走的伴侣，更是成功路上的璀璨足迹。它们以匠心独运的工艺，织就了通往梦想的道路，正如一位精心雕琢的艺术家，在每一道缝线与细节中倾注了灵魂。
>
> 想象一下，这双皮鞋是时间的见证者，它们陪伴您从晨光初照到夜幕低垂，历经风雨，却依旧熠熠生辉，宛如夜空中最亮的星，引领着您前行的方向。它们不仅仅是一件配饰，更是一种态度的宣言，一种对品质生活不懈追求的象征。
>
> 选择这双皮鞋，就是选择了一种优雅而坚韧的生活方式。让它成为您脚下最坚实的力量，无论是漫步在都市的繁华街头，还是攀登事业的险峻高峰，都能让您步步生莲，尽显非凡风采。
>
> 让我们携手这双皮鞋，共同开启一段精彩纷呈的旅程，让每一步都成为人生中最美的风景。因为，在您的人生舞台上，您就是那独一无二的主角，而这双皮鞋，正是您最耀眼的舞鞋。

3.3 AI 文案写作的高质量回复技巧

使用 AI 文案创作工具生成文案的质量与用户的提问方式息息相关。因此，当用户对 AI 文案创作工具首次提供的文案不满意时，可借助一定技巧引导其生成高效、契合预期的回复。本节将阐述若干撰写提示词的技巧，助力用户产出更优质的 AI 文案。

3.3.1 优选提示词

提示词，也称作指令，是 AI 文案创作工具进行回复、给出答案的依据。如果用户想要让 AI 文案创作工具更有效地生成文案，可以提供一些文案的类型、特征、范围等信息作为提示词，让 AI 文案创作工具根据提示词给出回复。保持清晰、明确与简洁，是编写有效提示词的核心要点，同时需兼顾整体逻辑性，以及与生成目标的关联性。下面以 Kimi 为例，看一看用户在输入不同提示词时，Kimi 给出的回复。

视频教学

01 在 Kimi 的输入框中输入比较宽泛的提示词信息。相关的提示词和回复内容如下。

提示词

请写出 5 个电商产品的宣传文案。

Kimi

1. 智能手环，健康生活的贴身助手

每一步都算数，每一刻都精彩！我们的智能手环，24 小时不间断监测您的心率、睡眠质量与运动量，让健康管理从此变得简单又时尚。多彩表盘随心换，潮流生活由你定义！

2. 无线蓝牙耳机，自由音乐不设限

挣脱束缚，畅享自由！这款无线蓝牙耳机，采用最新蓝牙 5.0 技术，稳定连接不断线，高清音质如临现场。轻盈设计，佩戴无感，无论是运动还是通勤，都是您的最佳音乐伴侣！

3. 家用智能扫地机器人，解放双手的清洁神器

告别烦琐清扫，拥抱更多闲暇时光！智能扫地机器人，一键启动，自动规划清扫路线，强力吸尘不遗漏，边角清扫也无忧。低噪运行，让家更干净，生活更舒心。

4. 高清投影仪，打造私人家庭影院

大屏幕，小空间，也能享受影院级震撼！高清投影仪，支持 4K 画质，色彩饱满细腻，搭配环绕音效，让您在家就能体验身临其境的观影感受。

5. 多功能电煮锅，一人食的温馨选择

一个人的日子也要好好吃饭！这款多功能电煮锅，集蒸、煮、炒、炖于一体，小巧不占地，操作简单快捷。不论是早餐的粥品，还是晚餐的小炒，都能轻松搞定，美味不等待！

02 输入比较具体的提示词，使用 Kimi 生成更具体的回答。相关的提示词和回复内容如下。

🧑 提示词

请写出 5 个电冰箱产品的宣传文案。

Ⓚ Kimi

当然可以，以下是 5 个电冰箱产品的宣传文案：

1. 智能保鲜冰箱，锁住每一份新鲜

智能温控，精准保鲜！我们的冰箱采用先进保鲜技术，自动调节冷藏冷冻温度，锁住食材营养与水分，让每一份食材都如初见般新鲜。

2. 大容量对开门冰箱，尽享储鲜自由

大空间，大满足！这款对开门冰箱，拥有超大容量存储空间，无论是家庭聚会还是日常囤货，都能轻松应对，让您的冰箱从此不再拥挤。

3. 多门多温区冰箱，分类存储更健康

健康储鲜，从分类开始！多门多温区设计，满足不同食材的存储需求，独立控制，避免串味，让您的饮食更加健康、安全。

4. 节能省电冰箱，绿色生活新选择

省电就是省钱，更是环保！采用高效节能压缩机，大幅降低能耗，同时保持出色的保鲜效果。选择我们，为地球减负，为生活加分。

5. 静音运行冰箱，静享舒适生活

静音科技，让宁静伴您左右。低噪音运行设计，即使在安静的夜晚也几乎无声，为您和家人营造一个宁静舒适的居住环境。

3.3.2　加入限定语言或条件

用户在编写提示词时，应紧密围绕需求，挑选恰当的提示词，因为不同的提示词所生成的 AI 文案存在差异。若用户使用的提示词中已明确主题，却仍未获得理想回复，可进一步细化主题描述，多增添限定语言或条件。

视频教学

接下来以在秘塔 AI 中输入提示词为例，介绍加入限定语言或条件的具体操作方法。

01　在秘塔 AI 的输入框中，输入主题为雨伞产品推广文案的提示词。相关的提示词和回复内容如下。

🧑 提示词

请提供两条雨伞的产品推广文案。

⛰ 秘塔 AI 搜索

1. 晴雨无忧，优雅随行

您的时尚守护伞！不论是突如其来的夏日阵雨，还是绵绵不绝的春雨绵绵，我们的雨伞都是您最贴心的伴侣。采用高品质防水面料，一甩即干，轻松应对雨天挑战。独特设计，简约而不失格调，让每一次撑开都是一道风景线。携带轻便，收纳自如，无论是日常通勤还是户外旅行，都能让您在雨中漫步时，依旧保持从容与优雅。选择我们，让每一次出行都成为一场美丽的邂逅！

2. 守护每一滴温柔，雨中的浪漫宣言

定制级雨伞，为您打造专属的雨天浪漫。采用高科技纳米涂层，超强拒水性让雨水瞬间滑落，保持伞面干爽如初。精美手绘或时尚图案，每一款都是独一无二的艺术品，彰显您的个性与品位。加宽伞面设计，有效遮挡风雨，为您和您的家人、朋友营造一片温馨的避风港。轻按自动开合，操作简便，让您在雨天也能优雅从容。选择这款雨伞，不仅是选择了一件防雨工具，更是选择了一份对美好生活的追求与向往。

02　加入限定语言，让秘塔 AI 根据新的提示词生成回复。相关的提示词和回复内容如下。

🧑 提示词

请以旅行爱好者为目标用户，提供两条雨伞的产品推广文案。

⛰ 秘塔 AI 搜索

1. 探险必备，无惧风雨！

出发前的天气预报再怎么准确，旅行中的突发天气也总是会让人措手不及。不用担心，我们的超轻便携雨伞是您探险必备的良伴！坚固耐用的材质，配备防风结构，即使在山野间穿行，也能轻松应对狂风骤雨。此外，它的折叠设计非常便于携带，轻松放进背包，随时为您挡雨挡风，让您的旅途始终保持干燥舒适！不管是登山、徒步还是城市漫步，我们的雨伞都能成为您不可或缺的伙伴，让您的旅行体验更加完美！

2. 品质伴您行，尽享自然美！

作为一位旅行爱好者，您一定懂得欣赏大自然的美丽与神奇。但有时候，突如其来的雨水可能会打破您的好心情。不过，有了我们的精致雨伞，您可以尽情感受大自然的美好，不受天气的干扰！采用高品质材料制作，结构稳固耐用，不仅能有效抵挡风雨，更能为您提供清晰的视野，让您尽情欣赏旅途中的风景。轻巧便携的设计，让您无须担心行李负担，随时随地享受行走在自然中的畅快感觉！选择我们的雨伞，让品质伴您行，尽情享受每一段旅程！

03　在提示词中加入限定条件，改写提示词，让秘塔 AI 再次根据新的提示词生成回复。相关的提示词和回复内容如下。

📋 提示词

请以旅行爱好者为目标用户，提供两条雨伞的产品推广文案，要求突出产品的亮点，有吸引力。

⛰ 秘塔 AI 搜索

1. 旅行者的风雨护盾，探索世界的无畏伴侣！

为每一位热爱旅行的你量身打造，这款雨伞是你探索未知旅途时的完美守护者。采用超轻碳纤维骨架，坚韧耐用，即使装满行囊也几乎感受不到它的存在。防水面料经过特殊处理，雨珠滑落无痕，保持视野清晰，让你在雨中也能尽情欣赏沿途风景。独特的折叠设计，小巧便携，轻松放入背包或手提袋中，随时准备应对突如其来的雨季。更有多种鲜艳色彩可选，为你的旅行增添一抹亮色，成为旅途中最吸睛的风景线。带上它，让每一次旅行都充满无限可能！

2. 旅行者的梦幻之伞，为你的冒险故事添彩！

专为追求自由与梦想的旅行爱好者设计，这款雨伞不仅是防雨工具，更是旅行中的时尚配饰。采用高科技防水透气材料，即使大雨倾盆，也能保持伞内干爽舒适，让你在雨中也能享受自由呼吸的畅快。超大伞面设计，有效遮挡风雨，无论是独自漫步在古城小巷，还是与伙伴共赏山间云海，都能为你和同伴提供充足的庇护空间。独特的图案设计，融入世界各地旅行元素，每一次撑开都是对远方的一次致敬。携带它，让你的旅行故事更加丰富多彩。

3.3.3　加入种子词

种子词，是指生成的文章中需要包含的字词。在提示词中加入种子词，可以帮助 AI 文案创作工具更快地提取恰当的文本数据，从而生成更为有效的答案。

下面以在文心一言中输入提示词为例，介绍加入种子词生成相应文案的方法。

视频教学

📋 提示词

请根据种子词生成一篇汽泡水产品的推广文案，不超过 300 字，种子词：清凉、无糖、低卡。

🔷 文心一言

夏日炎炎，来一场味蕾的清新革命！我们的无糖低卡气泡水，是您的健康解暑新宠。每一口都是满满的清凉感，仿佛山间清泉跃然舌尖，瞬间驱散燥热与疲惫。无糖配方，让甜蜜无负担，轻松享受无负担的快乐时光。低卡路里设计，即便是追求身材管理的你，也能毫无压力地畅饮，畅享清凉无界限。不论是运动后的小憩，还是午后的悠闲时光，一瓶在手，清凉我有。让我们一起，以无糖低卡的姿态，拥抱更加轻盈活力的夏日生活！

3.3.4　选择最佳方案

当用户期望 AI 文案创作工具能够生成更具针对性的文案时，可提供多个选项进行提问，这如同让 AI 工具作答选择题，其会从中选择选项并给出答案解析。下面以在智谱清言中输入提示词为例，介绍加入多个选项的操作方法。

视频教学

📇 提示词

我是一名编辑，日常需要办公，现在想购买一个用来办公的电子产品，请从以下选项中选出符合我要求的设备，并说明原因。

设备有：1. 台式电脑；2. 笔记本电脑；3. 平板电脑。

〇 智谱清言

在您所列举的三种电子产品中，对于一名编辑来说，最适合办公的设备是笔记本电脑。以下是选择笔记本电脑作为办公设备的具体原因：

1. 便携性

笔记本电脑相比台式电脑具有更高的便携性。作为编辑，您可能需要在不同地点工作，如办公室、会议室、家中甚至咖啡馆等。笔记本电脑的轻便设计使得您可以轻松携带，随时随地进行编辑工作。

2. 性能与功能

现代笔记本电脑已经具备了强大的处理器、足够的内存和存储空间，以及高分辨率的显示屏，这些都能满足编辑工作对图形处理、文档编辑、多任务处理等高性能需求。同时，笔记本电脑通常还配备了多种接口，如 USB、HDMI 等，方便连接外部设备，如打印机、显示器等。

3. 电池续航

随着技术的进步，笔记本电脑的电池续航能力得到了显著提升。这意味着在没有电源插座的情况下，用户仍可以继续使用笔记本电脑进行工作，无须担心电量耗尽的问题。

4. 软件兼容性

编辑工作往往需要依赖各种专业软件，如文字处理软件、排版软件、图形处理软件等。笔记本电脑能够完美兼容这些软件，确保您能够高效地完成编辑任务。

相比之下，台式电脑虽然性能更强，但缺乏便携性，不适合需要频繁移动办公的人员。而平板电脑虽然便携，但在处理复杂编辑任务时，其性能和软件兼容性可能无法满足需求。

综合考虑便携性、性能、功能、电池续航和软件兼容性等因素，笔记本电脑是最适合编辑办公的电子产品。

3.3.5　套用固定模板

用户在使用 AI 文案制作工具生成特定的内容时，可以套用"你的角色【专业领域】＋你的能力【成果期待】＋我希望你【任务需求】"这一固定指令模

视频教学

板，让 AI 生成更加符合需求的答案。下面以秘塔 AI 为例，介绍这一固定指令的运用方法。

🔲 提示词

你的角色是服装设计师，你具备出众的创意思维和艺术才能，能够创作出迎合当代年轻人审美的服装。现在我希望你以夏季宽松短裤为主题写一篇宣传文案，要求 300 字左右。

⛰ 秘塔 AI 搜索

夏日炎炎，解锁时尚新姿态！我们的夏季宽松短裤，以轻盈面料拥抱自由灵魂，采用透气舒适的棉麻混纺，让每一步都伴随着微风的轻吻。宽松版型，不拘束于身形，无论是街头漫步还是海边嬉戏，都能自在演绎个性风采。色彩上，我们大胆运用清新马卡龙色系与经典黑白灰，既符合当代年轻人的活力审美，又不失高级感。搭配简约 T 恤或潮流衬衫，轻松打造夏日最时尚造型。穿上它，不仅是穿上一件衣物，更是拥抱了一个自由、随性、时尚的夏天。快来挑选你的专属夏日风尚，让我们一起，轻盈前行，在夏日的画卷上留下最灿烂的足迹！

3.4 AI 文案写作案例

案例一：Kimi 智能助手，生成主图文案

视频教学

在电商领域，主图文案指产品展示页面主图旁的文字说明。它主要用于吸引用户目光、传递产品关键信息，其目的在于吸引潜在买家，概括产品特点、功能或优势，进而推动他们深入了解并促成购买行为。

运用 Kimi 智能助手，可以快速生成主图文案，具体的操作方法如下。

01 在 Kimi 的输入框中输入提示词，让 Kimi 提供特定产品的受众需求。相关的提示词和回复内容如下。

🔲 提示词

请帮我分析一下中老年人对运动鞋的需求和喜好。

🅚 Kimi

中老年人对运动鞋的需求和喜好受多种因素影响，包括健康状况、日常活动习惯、舒适度、安全性以及时尚感等。以下是对这些需求和喜好的详细分析：

1. 健康状况与活动需求

舒适缓震：随着年龄的增长，关节和骨骼的弹性与韧性逐渐减弱，因此，中老年人更倾向于选择具有良好缓震性能的运动鞋，以减少行走、跑步或站立时对膝盖、脚踝等关节的冲击。

支撑稳定：为了预防跌倒和扭伤，中老年运动鞋需要具备足够的支撑性和稳定性，尤其是在足弓和脚踝部位的设计上，要确保穿着时脚部得到良好的包裹和支撑。

透气轻便：中老年人可能患有脚部疾病（如脚气、静脉曲张等），因此透气性好、材质轻盈的运动鞋更受欢迎，有助于保持脚部干爽，减轻行走负担。

2. 日常活动习惯

多功能性：中老年人的日常活动可能包括散步、慢跑、太极、广场舞等多种形式，因此他们希望运动鞋能够适应多种场合，既适合户外锻炼也适合室内活动。

易穿脱：随着年龄增长，手脚灵活性可能下降，因此易于穿脱的鞋款（如魔术贴、松紧带设计等）更受欢迎。

3. 安全性与防滑性

防滑设计：中老年人对运动鞋的防滑性能要求较高，特别是在雨天或湿滑地面行走时，良好的防滑设计能有效防止滑倒摔伤。

反光材料：对于喜欢在夜间或光线不足时散步的中老年人，运动鞋上配备的反光条或反光材料能增加其可见性，提高安全性。

02　继续输入提示词，让 Kimi 结合受众需求，提炼出产品的亮点和优势。相关的提示词和回复内容如下。

📋 提示词

请结合受众需求，提炼出运动鞋的亮点和优势。

Ｋ Kimi

结合中老年人的需求，运动鞋的亮点和优势可以提炼为以下几点：

1. 亮点

极致舒适缓震：采用先进的缓震技术和材料，如气垫、泡沫等，有效吸收行走或运动时的冲击力，保护关节，提升穿着舒适度。

稳固支撑系统：设计有加强的足弓支撑和稳定结构，确保脚部在运动中得到良好的包裹和支撑，预防扭伤和跌倒。

透气干爽材质：选用透气性好的面料和网眼设计，保持鞋内空气流通，减少脚部出汗和异味，提升穿着体验。

防滑耐磨大底：采用高抓地力的橡胶材质，结合特殊的防滑纹理设计，确保在各种地面上都能提供稳定的抓地力，防止滑倒。

2. 优势

健康守护：通过缓震、支撑和透气等设计，全方位保护中老年人的脚部健康，减少运动伤害的风险。

> **安全无忧：** 防滑耐磨的大底设计，结合反光材料等安全元素，确保中老年人在各种环境下都能安全行走。
>
> **舒适体验：** 注重穿着的舒适性和便捷性，让中老年人享受轻松愉悦的日常行走体验。
>
> **品质保证：** 选用优质材料和精湛工艺打造，确保运动鞋的耐用性和稳定性，满足中老年人的长时间行走需求。

03 再次输入提示词，让 Kimi 根据以上信息，撰写中老年运动鞋的电商主图文案。相关的提示词和回复内容如下。

📇 提示词

> 请根据以上信息，撰写中老年人运动鞋的电商主图文案，要求语言精简、突出产品亮点。

Ⓚ Kimi

> 【健康步履，稳健前行 —— 中老年专属运动鞋】
>
> 1. 极致缓震，守护每一步
>
> 采用高级缓震科技，轻松吸收行走冲击，保护膝盖与关节，让每一步都安心舒适。
>
> 2. 稳固支撑，安全无忧
>
> 加强足弓支撑与稳定设计，无论室内外，都能给您稳稳的幸福，远离跌倒风险。
>
> 3. 透气干爽，舒适享受
>
> 精选透气面料，让双脚自由呼吸，保持干爽，远离闷热与异味，尽享清新行走。
>
> 4. 防滑耐磨，行走自如
>
> 特殊防滑大底，雨天湿地也能稳抓地面，耐磨耐用，陪您走过更长的路。
>
> 5. 一键穿脱，便捷生活
>
> 魔术贴／松紧带设计，穿脱自如，无须弯腰费力，轻松享受每一天。
>
> 6. 简约时尚，彰显品位
>
> 经典设计融合时尚元素，多款颜色任您选择，既符合中老年人气质，又不失个性风采。
>
> 专为中老年人打造的品质运动鞋，健康、安全、舒适、便捷，选择我们，让每一步都更加稳健！立即选购，开启您的健康行走之旅！

案例二：智谱清言，生成详情页文案

详情页文案是电商领域用于阐述产品详细特性的文字内容，涵盖产品的具体功能、设计特点、规格包装、使用说明、注意事项等要素，以文字的形式全

视频教学

方位介绍产品。

使用智谱清言生成详情页文案时，可先让其产出示例文案，再生成真正需要的文案。

01　在智谱清言的输入框中输入提示词，让智谱清言提供详情页文案示例，相关的提示词和回复内容如下。

提示词

请提供一款产品的详情页文案示例。

智谱清言

产品名称：智能健康手环

【产品封面图】

高清大图展示手环的流线型设计，屏幕亮起显示时间、步数及心率。

背景为活力四射的晨跑场景，传递健康生活的理念。

【产品亮点】

1. 实时心率监测： 24 小时不间断监测，异常心率即时提醒，守护您的心脏健康。

2. 血氧饱和度检测： 一键测量，精准了解血氧水平，高海拔运动或日常健康监测必备。

3. 睡眠质量分析： 多种睡眠阶段监测，科学评估睡眠质量，助您好眠。

4. 多功能运动助手： 支持 15+ 种运动模式，从跑步、游泳到瑜伽，精准记录运动数据，让每一分努力都看得见。

5. 智能提醒与通知： 来电、短信、社交媒体消息提醒，不错过任何重要信息。

【购买须知】

支持全国联保，享受无忧售后服务。

限时优惠，下单即赠运动礼包(包含运动手环带、收纳盒等)。

库存有限，先到先得，赶紧加入购物车吧！

02　建立对话前提后，输入具体的需求，让智谱清言模仿上述示例，提供详情页文案。相关的提示词和回复内容如下。

提示词

模仿上述示例，提供一段无人机产品的详情页文案。

智谱清言

产品名称：翱翔者 4K 无人机

【产品封面图】

震撼视觉的广角图片，展现无人机翱翔于蔚蓝天空，镜头下是壮丽的自然风光，如山川湖泊或繁华都市，强调其卓越的拍摄能力和广阔的视野。

【产品标题】

翱翔者 4K 无人机 —— 捕捉世界的每一个非凡瞬间

【产品亮点】

1. 超高清 4K 摄像： 搭载专业级 4K 相机，配备稳定云台，无论是高速飞行还是复杂环境，都能拍摄出清晰细腻、无抖动的视频画面。

2. 智能飞行系统： 一键起飞、降落、返航，即便是无人机新手也能轻松驾驭。

3. 长续航与远距离控制： 高效能电池，单次飞行时间长达 30 分钟，满足长时间拍摄需求。

4. 丰富拍摄模式： 支持环绕拍摄、定点悬停等多种拍摄模式，轻松创作电影级视频。

5. 便携设计与耐用材质： 折叠式设计，小巧轻便，轻松放入背包，随时出发。

【购买须知】

赠送专业无人机背包、备用螺旋桨及详细使用指南。

全国联保，享受专业售后服务团队支持。

限时折扣，前 100 名下单用户还将获得定制版 SD 卡一张。

以上文案围绕无人机的核心卖点展开，通过高清视觉、智能技术、长续航、拍摄功能，以及便携设计等，全方位展现产品的优势，旨在吸引对无人机拍摄感兴趣的消费者。

案例三：秘塔AI，生成品牌文案

品牌文案属于借助宣传企业品牌以推动商品销售的电商文案类型，该类文案以品牌宣传为核心，旨在让受众知晓并认同品牌，进而主动购买品牌旗下产品或服务。

视频教学

借助秘塔 AI，能快速生成品牌文案，可先让秘塔 AI 设计一个品牌，再为该品牌创作宣传文案，具体操作方法如下。

01 赋予秘塔 AI 一定的身份，让其提供一个品牌的品牌信息。相关的提示词和回复内容如下。

提示词

你是一名创业者，打算创建一个美妆产品的品牌，需要你提供该品牌的品牌信息。

⚠ 秘塔 AI 搜索

品牌名称：绮梦流光

1. 品牌定位

绮梦流光定位为高端而又不失亲和力的美妆品牌，致力于为现代女性打造自然、健康、个性化的美妆体验。我们相信，每位女性都是独一无二的，拥有属于自己的光芒与故事，我们的产品旨在帮助她们展现最真实的自我，绽放独特魅力。

2. 品牌理念

自然之美： 采用天然成分，减少化学添加剂，倡导绿色美妆理念，让肌肤自由呼吸，展现自然之美。

科技创新： 结合最新生物科技与护肤研究成果，不断创新产品配方与包装设计，提升使用效果与便捷性。

个性定制： 提供个性化色彩咨询服务，精准适配不同肤质、风格偏好的女性消费者，实现美妆的个性化表达。

3. 品牌形象

视觉识别： 采用温馨而高雅的色调，如淡粉色、金色、米白色，结合流畅的线条与梦幻的图案元素，传达出品牌自然、梦幻、高端的形象。

品牌大使： 邀请具有独立个性、积极向上的女性明星或意见领袖作为品牌大使，通过她们的故事与影响力，传递品牌理念与价值观。

社交媒体： 在微博、微信、小红书、抖音等社交平台建立官方账号，定期发布美妆教程、产品评测、品牌故事等内容，与消费者建立深度互动。

02 使用秘塔 AI，依据品牌信息生成用于推广的品牌文案时，需确保语言简洁且具吸引力。相关的提示词和回复内容如下。

👤 提示词

为你的美妆品牌生成品牌推广文案，要求语言简洁、有吸引力。

⚠ 秘塔 AI 搜索

1. 绮梦流光·绽放真我光彩

在斑斓世界，寻觅一抹独特光芒。绮梦流光，以自然之名，唤醒肌肤原生之美。我们相信，真正的美，源自内心的自信与外在的自然融合。

2. 纯净之选，呵护每一寸肌肤

绮梦流光，精选全球天然成分，减少化学负担，让肌肤自由呼吸，焕发自然光彩。每一次触碰，都是对肌肤的温柔告白。

3. 科技赋能，美妆新纪元

融合尖端科技，创新美妆体验。从底妆到唇色，每一款产品，都是科技与艺术的结晶，轻松打造持久妆容，让美丽无负担。

4. 个性定制，专属于你的色彩

拒绝千篇一律，拥抱个性色彩。绮梦流光，提供个性化定制服务，无论是日常淡妆还是派对女王，总有一款适合你，展现独一无二的魅力。

5. 绿色美妆，共筑美好未来

我们深知，美丽不应以牺牲环境为代价。绮梦流光，坚持可持续发展理念，选用环保包装，共同守护地球家园。

6. 加入绮梦，绽放你的光彩

现在就选择绮梦流光，开启你的美妆新篇章。让我们一起，以自然之名，绽放真我光彩，成为人群中最耀眼的那颗星。

案例四：文心一言，生成销售文案

销售文案是用于促销产品、服务的文字内容，其核心目的是吸引潜在客户、建立客户连接，并推动他们做出购买决策。此类文案常用于广告、销售页面、产品描述、宣传资料、推广邮件及社交媒体帖子等营销场景。

视频教学

下面介绍运用文心一言，生成销售文案的具体操作步骤。

01 在文心一言中，输入具体的实例。相关的提示词和回复内容如下。

👤 提示词

小红书平台中的销售文案通常是"我试用了这款眼霜，简直是太神奇了！""如果你也是一个喜欢整洁的人，这个收纳箱绝对是你的理想之选"，请分析这类文案的特点。

📘 文心一言

小红书平台上的销售文案往往具备以下几个显著特点：

1. 个人化体验分享

文案通常以第一人称"我"开头，通过分享个人的使用经历或感受，营造出一种亲切感和真实感。如"我试用了这款眼霜，简直是太神奇了！"这样的表述，让读者感觉像是朋友在推荐，增加了信任度。

2. 情感共鸣

文案中融入了强烈的情感色彩，无论是惊喜、满足还是期待，都能迅速触动读者的心弦。通过描述产品带来的正面改变或满足的特定需求，激发读者的情感共鸣，从而增强购买欲望。

3. 简洁明了

小红书的文案通常追求短小精悍，能够在有限的字数内传达出产品的核心卖点和优势。这种简洁的表达方式不仅便于阅读，也更容易被记住和传播。

4. 强调效果与改变

文案中常常直接或间接地强调产品带来的显著效果或改变，如"太神奇了""绝对是你的理想之选"等表述，通过夸张或肯定的语气来强化产品的吸引力，让读者对产品的效果产生期待。

5. 引导行动

虽然文案本身可能不直接呼吁购买，但通常会通过强调产品的独特之处、限时优惠或用户好评等方式，间接引导读者采取行动 (如点击链接、加入购物车或关注店铺)。这种隐性的行动号召能够激发读者的购买冲动。

02 让文心一言模仿实例，生成宣传剃须刀的销售文案。相关的提示词和回复内容如下。

🧑 提示词

模仿上述销售文案的写法，生成宣传剃须刀的销售文案。

◈ 文心一言

亲身体验后，这款剃须刀彻底颠覆了我的认知！每一次滑动，都是丝滑与舒适的完美邂逅。如果你也厌倦了烦琐的剃须过程，渴望那种一剃即净、肌肤如丝的感受，那么这把剃须刀你绝对值得拥有。

它的刀片锋利而细腻，仿佛能洞察每一根胡须的轨迹，轻轻一扫，烦恼尽除。加上智能感应技术，自动调节力度，即便是下巴的顽固胡渣也能轻松应对，不留一丝痕迹。

更令人惊喜的是，它的防水设计让你在沐浴时也能享受剃须的乐趣，省时又方便。而且，充电一次，长效续航，告别频繁充电的烦恼，让每一次出行都自信满满。

别等了，是时候为自己的剃须体验来一场升级，让这把剃须刀成为你日常的小确幸。点击链接，开启你的清爽新篇章！"

第 4 章
AI 美工设计

　　伴随技术迭代的加速，AI 技术已突破传统应用边界，在数据计算与智能决策领域展现技术优势的同时，更深度渗透至美工设计领域，为行业带来效率革新与创意维度拓展。本章将系统阐述如何运用 AI 工具链优化设计全流程，实现生产效能与作品独特性的双重跃升。

4.1　AI 美工设计的概念与原理

　　AI 美工设计是人工智能技术与传统美学创意交融的新兴领域，是艺术表达与科学逻辑深度嵌套的典型范例。本节将分层解构 AI 美工设计的底层逻辑，从技术概念界定与技术原理拆解双维度切入，解析其核心算法架构与创意生成机制，助力读者实现设计流程优化与作品质量跃升。

4.1.1　AI 美工设计的技术概念

　　AI 美工设计，是利用 AI 工具和技术来辅助或完成美工设计的各项工作。

视频教学

1. AI 工具应用

　　AI 美工设计依赖于各种 AI 工具，这些工具能够自动生成逼真的图像或艺术作品、优化设计方案，甚至进行风格转换。图 4-1 为利用即梦 AI 生成的电商产品主图。

图 4-1　即梦 AI 生成的电商产品主图效果

2. 设计效率提升

通过 AI 技术，设计师可以快速生成多个设计方案，并进行优化和迭代，从而显著提高设计效率。AI 还能够自动完成一些烦琐的设计任务，如色彩搭配、布局调整等，让设计师有更多时间专注于创意和构思。

3. 创意与个性化

尽管 AI 在设计中发挥了重要作用，但创意和个性化仍然是 AI 美工设计的核心。AI 工具可以辅助设计师实现独特的创意想法，同时根据用户需求和喜好生成定制化的设计作品。

4. 技术与艺术融合

AI 美工设计是技术与艺术深度融合的产物，它要求设计师不仅具备扎实的美术功底和设计能力，还需要掌握先进的 AI 技术，将两者有机结合，创造出既有艺术美感又符合技术要求的作品。

4.1.2 AI 美工设计的技术原理

AI 美工设计的技术原理，聚焦在几个核心的 AI 技术上，特别是生成对抗网络、深度卷积生成对抗网络，以及变分自编码器等，具体解析如下。

视频教学

1. 生成对抗网络

生成对抗网络，为美工设计领域带来了前所未有的变革，为设计师们打开了一扇通往无限创意与可能性的大门。

（1）基本架构。生成对抗网络由两个神经网络组成，即生成器和判别器。生成器的任务，是生成尽可能逼真的图像或数据，以欺骗判别器；判别器的任务，则是区分输入的数据是真实的，还是由生成器生成的。

（2）工作原理。在训练过程中，生成器和判别器相互对抗，不断优化。通过对抗学习，生成器逐渐生成更加逼真的图像，而判别器也变得更加准确。这个过程不断迭代，直到达到某个预定的标准或停止条件。

（3）实际应用。在 AI 美工设计中，生成对抗网络被广泛用于生成各种风格的艺术作品、设计元素和背景图等。例如，设计师可以使用生成对抗网络，生成具有特定风格或主题的图像集，用于产品设计、广告创意等场景，效果如图 4-2 所示。

图 4-2　通过生成对抗网络生成的产品设计效果

2．深度卷积生成对抗网络

作为生成对抗网络的一种改进版本，深度卷积生成对抗网络通过引入卷积神经网络的结构优势，显著提升了图像生成的质量和分辨率，为 AI 美工设计领域树立了新的标杆。

深度卷积生成对抗网络作为生成对抗网络的变体，采用卷积神经网络架构重构生成器与判别器的网络结构。生成器通过多层反卷积层对随机噪声进行采样与特征解码，逐步将其转换为高分辨率图像样本；判别器则基于卷积层对输入图像进行特征提取与层次化降维，最终输出真伪二分类概率。该模型通过卷积 - 反卷积的对抗训练机制，在图像生成任务中实现了高质量样本输出与细节还原能力的显著提升。

在 AI 美工设计中，深度卷积生成对抗网络可用于生成高质量的图像背景、产品渲染图等。设计师可以利用深度卷积生成对抗网络，生成逼真的场景和物体图像，为设计作品增添更多细节和真实感，效果如图 4-3 所示。

图 4-3　通过深度卷积生成对抗网络生成的电商产品效果

3．变分自编码器

除了生成对抗网络，变分自编码器也是 AI 美工设计中不可或缺的技术之一。通过编码器和解码器的精妙配合，变分自编码器能够在保留数据关键特征的同时，生成丰富多样的设计元素。

变分自编码器，由编码器与解码器构成双阶段网络架构：编码器通过非线性映射将输入数据压缩至潜在空间，生成多维高斯分布的均值向量与方差向量，表征数据潜在分布的统计特性；解码器从潜在分布中随机采样一个向量，经逐层采样与特征重建，将其转换回原始数据空间以重构输入样本。二者通过概率建模与重构误差的联合优化，实现潜在表征的连续性约束与数据生成能力的平衡。

在 AI 美工设计中，变分自编码器可用于生成多样化的设计元素、图案和纹理等。设计师可以利用变分自编码器的潜在空间进行插值或采样，生成具有连续变化特征的设计样本。

4.2　AI 美工设计的绘画技巧

AI 美工设计依托人工智能驱动的图像生成技术，通过多模态算法架构适配多元应用场景（如电商视觉、数字艺术、动态交互等），在保持创意灵活性的同时，为用户提供风格化、定制化的视觉解决方案。本节聚焦 AI 绘画技术在实际业务场景中的应用，解析从技术参数调优到商业设计转化的完整链路。

4.2.1　用修饰词提升画面质量

【效果展示】：使用修饰词可以提升 AI 工具的出图质量，而且修饰词还可以叠加使用。下面以文心一格为例，演示通过修饰词来提升画面的质量，效果如图 4-4 所示。

视频教学

图 4-4　效果展示

在文心一格中，使用修饰词来提升画面质量的操作方法如下。

01　在"AI 创作"页面中，切换至"自定义"选项卡，输入提示词，选择"创艺"AI 画师，如图 4-5 所示。

02　在下方继续设置"尺寸"为 16:9，"数量"为 1，"画面风格"为"产品摄影"，如图 4-6 所示。

图 4-5　选择"创艺"AI 画师

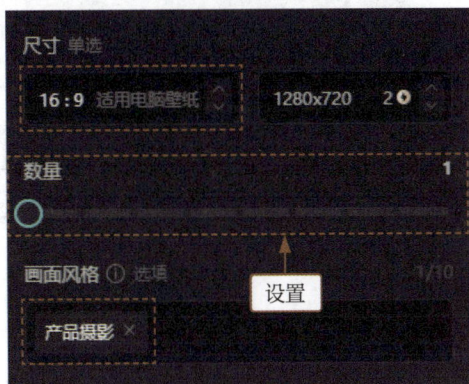

图 4-6　设置相应参数

03　单击"修饰词"下方的输入框，在弹出的面板中单击"写实"标签，如图 4-7 所示，即可将该修饰词添加到输入框中。

04　使用同样的操作方法，添加一个"摄影风格"修饰词，如图 4-8 所示。

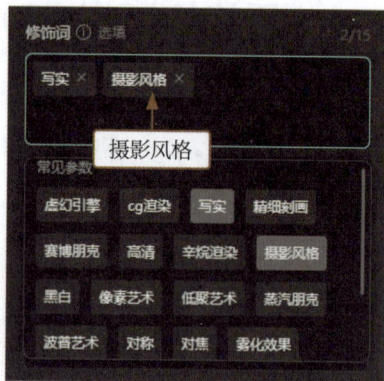

图4-7 单击"写实"标签

图4-8 添加"摄影风格"修饰词

专家提醒

适度的修饰可以增强画面表现力，但若堆砌冗长定语或堆叠夸张形容，不仅会稀释核心信息密度，还可能使生成的作品呈现"炫技"的倾向，削弱内容应有的严谨性与可操作性。

05 单击"立即生成"按钮，即可生成品质更高且具有摄影感的产品图片，效果如图4-9所示。

图4-9 生成的产品图片效果

4.2.2 选择生图模型并设置精细度

【效果展示】：生图模型是指AI作图中用于生成图像的预训练模型，这些模型通常经过大量图像数据的训练，能够理解和生成各种风格和主题的图像。下面以即梦AI为例，通过选择不同的模型并设置精细度来优化出图品质，效

视频教学

果如图 4-10 所示。

图 4-10　效果展示

在即梦 AI 中，选择生图模型并设置精细度的操作方法如下。

01 在"AI 作图"选项区中，单击"图片生成"按钮，进入"图片生成"页面，在页面左上方的输入框中，输入 AI 绘画的提示词，如图 4-11 所示。

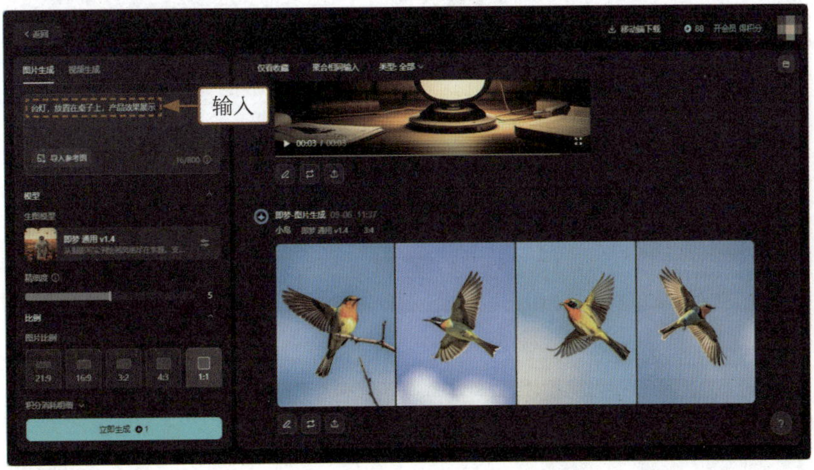

图 4-11　输入 AI 绘画的提示词

02 单击"模型"右侧的"修改"按钮，弹出"生图模型"列表框，选择"即梦 通用 v2.0"模型，如图 4-12 所示，这款模型拥有更精准的提示词响应能力。

03 在"模型"选项区中，拖曳"精细度"下方的滑块，设置"精细度"参数为 10，如图 4-13 所示。更高的精细度数值能使生成的 AI 图片具有更多的细节和更逼真的效果，同时会增加 AI 处理图像的时间。

04 单击"立即生成"按钮，即可生成 4 幅 AI 图片，并显示在右侧的窗格中，如图 4-14 所示。从生成的 AI 图片中，可以看出图像的质量较高，画面清晰有质感，单击相应的 AI 图片，即可放大预览图片效果。

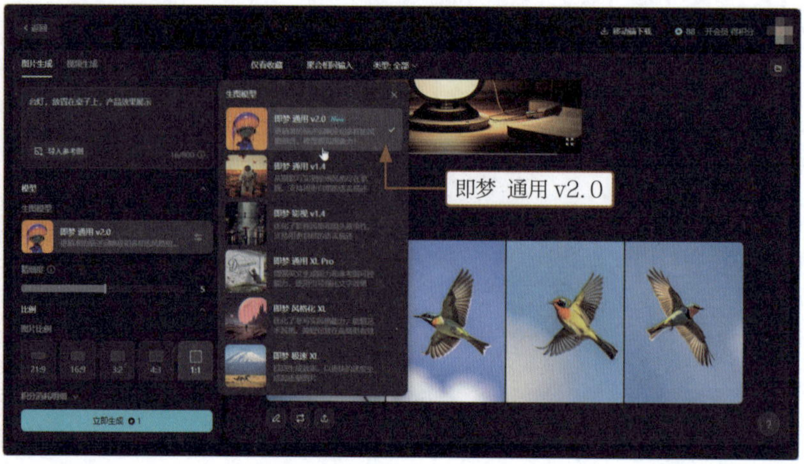

图4-12　选择"即梦 通用v2.0"模型

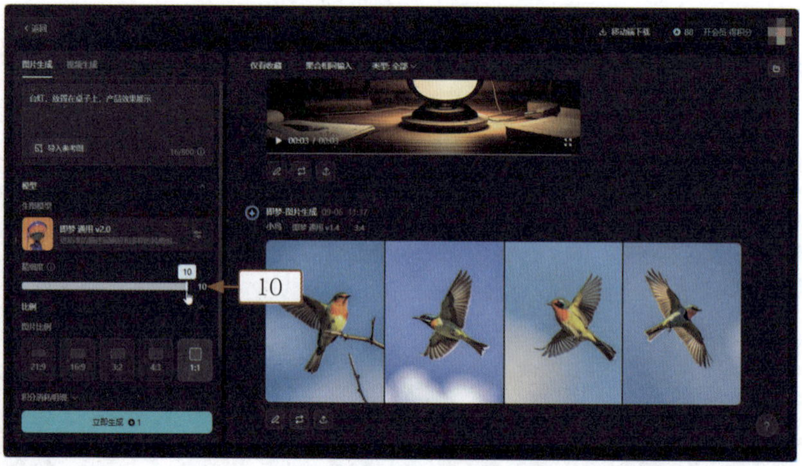

图4-13　设置"精细度"参数

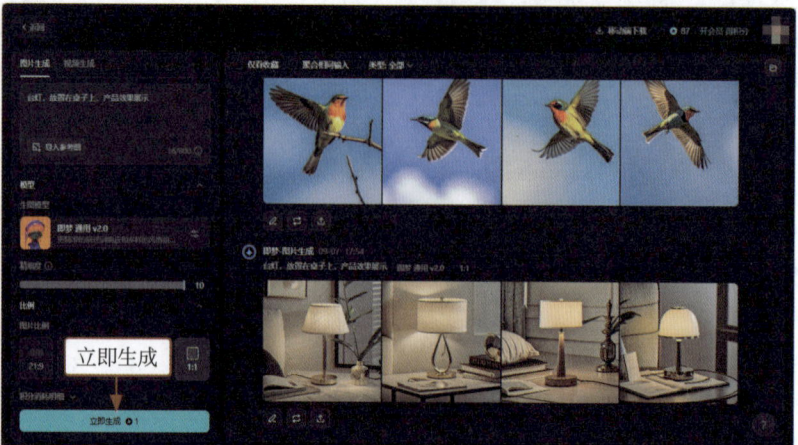

图4-14　生成AI图片

4.2.3　利用指令参数设置图像比例

视频教学

【效果展示】：画面尺寸的选择，会直接影响到画作的视觉效果，如 16:9 的画面尺寸可以获得更宽广的视野和更好的画质表现，而 9:16 的画面尺寸则适合用来绘制人物的全身照。下面以 Midjourney 为例，通过输入特定的指令参数，来对图像的比例进行调整，效果如图 4-15 所示。

图 4-15　效果展示

在 Midjourney 中，利用指令参数设置图像比例的操作方法如下。

01 通过 imagine 指令输入相应的提示词，例如 "A bicycle was photographed in the city background, in blue with bright colors and prominent curves, at the edge of the city"（意为：在城市背景中拍摄了一辆自行车，蓝色，颜色鲜艳，曲线醒目，城市边缘），如图 4-16 所示。

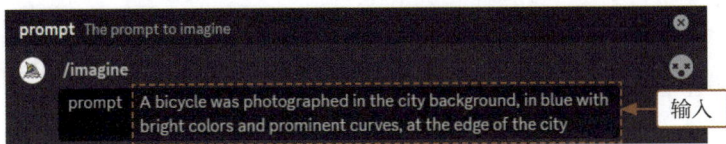

图 4-16　输入提示词

02 在原有提示词的基础上，添加指令参数 --ar 4:3，注意中间要加一个空格，如图 4-17 所示。

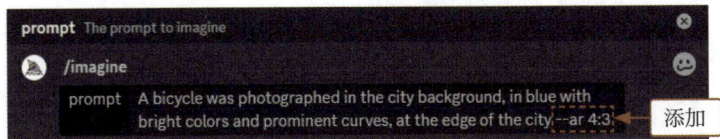

图 4-17　添加指令参数

03 按【Enter】键确认，即可生成 4:3 比例的图片效果，如图 4-18 所示。

04 在生成的 4 张图像中，选择最满意的一张，如这里选择第 4 张，单击 U4 按钮，Midjourney 将在第 4 张图片的基础上进行更加精细的刻画，并放大图片效果，如图 4-19 所示。

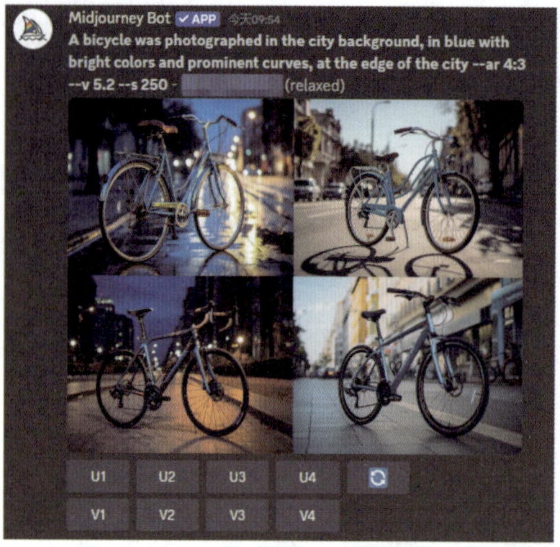

图 4-18　生成图片效果

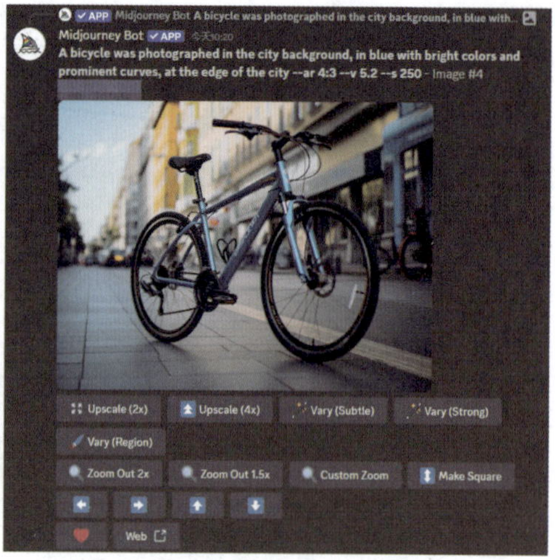

图 4-19　精细刻画并放大图片效果

专家提醒

　　Midjourney 生成图片下方的 U 按钮表示放大选中图片的细节。如果用户对于 4 张图片中的某张图片感到满意，可以使用 U1-4 按钮进行选择并生成大图效果。

4.2.4　移除画面中不需要的内容

　　【效果对比】：Photoshop 的"创成式填充"功能，可以一键去除图像中的杂物或多余的元素。它是通过 AI 绘画的方式来填充要去除元素的区域，比过去"内容识别"或"近似匹配"方式的效果要更好，原图与效果对比如图 4-20 所示。

视频教学

图 4-20　原图与效果对比

下面介绍移除画面中多余物品的操作方法。

01 单击"文件"|"打开"命令，打开一幅素材图像，选取工具箱中的套索工具 $\wp$ ，如图 4-21 所示。

02 运用套索工具 $\wp$ ，在画面中按住鼠标左键并拖曳，框住画面中多余的元素，如图 4-22 所示。

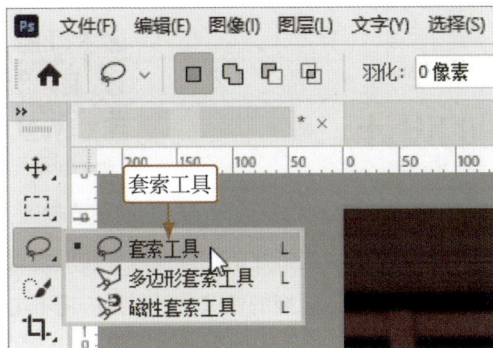

图 4-21　选取套索工具

图 4-22　框住画面中多余的元素

03 释放鼠标左键，即可创建一个不规则的选区，在弹出的浮动工具栏中单击"创成式填充"按钮，如图 4-23 所示。

04 执行操作后，在浮动工具栏中单击"生成"按钮，如图 4-24 所示。稍等片刻，即可去除选区中的图像元素。

图 4-23　单击"创成式填充"按钮

图 4-24　单击"生成"按钮

专家提醒

在 Photoshop 中，套索工具 $\wp$ 是一种用于选择图像区域的工具，它可以让用户手动绘制一个不规则的选区，以便在选定的区域内进行编辑、移动、删除或应用其他操作。在使用套索工具 $\wp$ 时，用户可以按住鼠标左键并拖曳来勾勒出自己想要选择的区域，从而更精确地控制图像编辑的范围。

4.3　AI 美工设计案例

案例一：文心一格，产品主图的设计

【效果展示】：在文心一格平台，"具象"AI 画师擅长对客观物象进行高精度的细节刻画，通过笔触的层次化渲染与色彩的精准复现，将现实事物的材质、光影及结构特征以写实风格重构于画布，其生成结果符合商业设计对产品主体清晰度、质感还原度的要求，可直接应用于电商主图、产品手册等视觉场景的标准化制作，效果如图 4-25 所示。

图 4-25　效果展示

使用文心一格进行产品主图设计的具体操作方法如下。

01 在"AI 创作"页面中，切换至"自定义"选项卡，输入提示词，选择"创艺"AI 画师，并设置相应的画面尺寸和出图数量，单击"立即生成"按钮，生成相应的图像效果，如图 4-26 所示。可以看到，生成的画面写实感很强，但细节表现不足。

图 4-26　"创艺"AI 画师生成的图像效果

02 选择"具象"AI 画师,其他参数保持不变,单击"立即生成"按钮,生成相应的图像效果,如图 4-27 所示。

图 4-27　"具象"AI 画师生成的图像效果

专家提醒

　　通过对比可以看到,由于在提示词中加入了一些辅助词对 AI 进行引导,因此"创艺"AI 画师也能够生成不错的写实效果;而"具象"AI 画师则在其基础上,在描绘物象方面具有更高的逼真度,能够让用户感受到真实世界的景象。

03 由"具象"AI 画师生成的图片比较单调,因此我们可以在提示词中加入一些细节描述,然后单击"立即生成"按钮,再次生成一张图像效果,如图 4-28 所示。

图 4-28　添加细节后的图像效果

案例二：即梦AI，产品包装的设计

【效果展示】：在当今竞争激烈的商业市场环境中，产品的包装设计不仅是保护商品的外壳，更是传递品牌价值、吸引消费者目光的重要媒介。使用即梦 AI，可以创造出引人注目且具有品牌特色的产品包装设计，效果如图 4-29 所示。

视频教学

图 4-29　效果展示

使用即梦 AI 进行产品包装设计的操作方法如下。

01 在"AI作图"选项区中，单击"图片生成"按钮，进入"图片生成"页面，在页面左上方的输入框中，输入 AI 绘画的提示词，如图 4-30 所示。

02 在下方继续设置"生图模型"为"即梦 通用 v2.0"模型，精细度为 10，"图片比例"为 3:4，如图 4-31 所示。

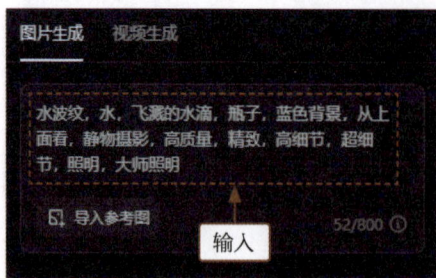

图 4-30　输入提示词

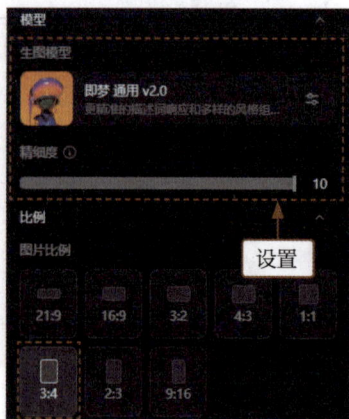

图 4-31　设置参数

03 单击"立即生成"按钮，即可生成 4 幅 AI 图片，显示在右侧窗格中，如图 4-32 所示。

图 4-32 生成的 AI 图片

04 选择合适的图像，单击下方的"超清图"按钮 HD，即可生成清晰度更高的图像，如图 4-33 所示。
使用相同的操作方法，对其他图像进行处理。

图 4-33 生成清晰度更高的图像

案例三：Midjourney，商业Logo的设计

【效果展示】：Logo（标志）是特定品牌、组织、产品或服务的图形化
符号与标识，它以简洁独特的设计呈现，通常由特定图形或字母构成。成功的
Logo 设计能够为品牌或组织塑造鲜明的识别度和形象，助力其在市场竞争中脱
颖而出。我们可以使用 Midjourney 快速生成 Logo，效果如图 4-34 所示。

视频教学

图 4-34　效果展示

使用 Midjourney 进行商业 Logo 设计的操作方法如下。

01 在 Midjourney 中通过 imagine 指令，输入描述 Logo 主体的提示词"a simple logo of the letter 'V'"（意为：字母 V 的简单标志），如图 4-35 所示。

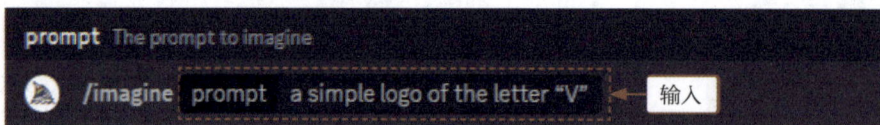

图 4-35　输入提示词

02 在此提示词的基础上，继续添加一些生成 Logo 所需使用的提示词"smooth edges, simple design, simple colouring, simplistic details"（平滑边缘，简单的设计，简单着色，简单化的细节），如图 4-36 所示。

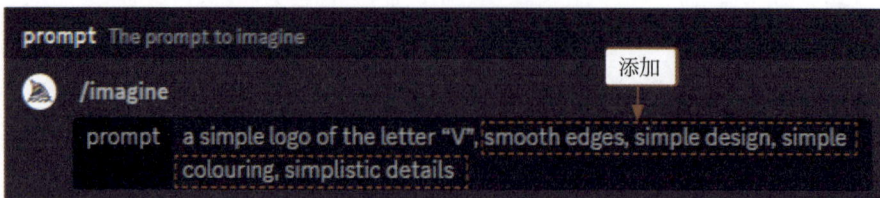

图 4-36　添加相应提示词

03 按【Enter】键确认，Midjourney 将依照提示词生成相应的字母 Logo，效果如图 4-37 所示。

04 在上一例提示词的基础上，增加一些色调的描述，例如"Silver and blue, with a gray background"（意为：银色和蓝色，灰色背景），如图 4-38 所示。

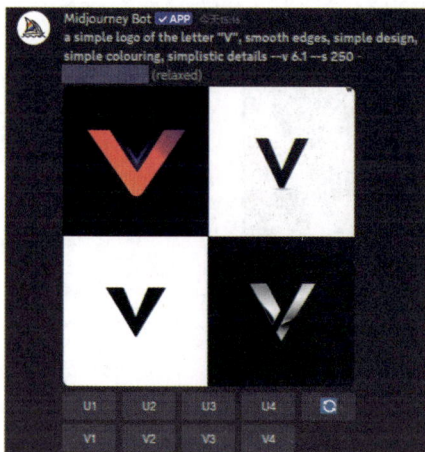

图 4-37 根据提示词生成的 Logo 效果

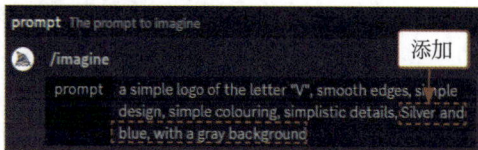

图 4-38 输入描述色调的提示词

05 按【Enter】键确认，即可生成添加色调提示词后的 Logo 效果，如图 4-39 所示。

06 执行操作后，选择一张合适的图片进行放大，如选择第 3 张，单击 U3 按钮，即可放大图片完成最终效果，如图 4-40 所示。

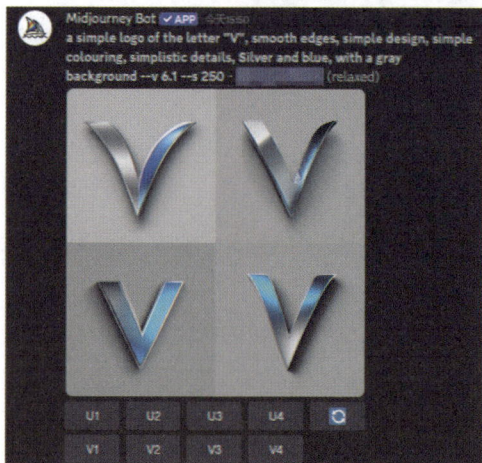

图 4-39 添加色调提示词后的 Logo 效果

图 4-40 放大图片效果

案例四：PS AI，电商广告的设计

【效果展示】：产品广告设计作为一种重要的营销手段，通常被广泛应用于各类商业场景与品牌传播中，其核心目的在于精准触及目标受众，激发其消费意愿或关注热情。以珠宝广告为例，通常这类广告用于展示珠宝的美丽和高品质工艺，促使消费者购买或关注特定的珠宝品牌或产品线。我们可以使用

视频教学

PS AI，快速生成电商产品的广告，效果如图 4-41 所示。

图 4-41　效果展示

使用 PS AI 生成珠宝宣传广告的具体操作方法如下。

01　单击"文件"|"打开"命令，打开一幅素材图像，如图 4-42 所示。

02　单击"图像"|"画布大小"命令，弹出"画布大小"对话框，选择相应的定位方向，并设置"宽度"
　　为 1363 像素，"高度"为 1769 像素，如图 4-43 所示。

图 4-42　打开素材图像

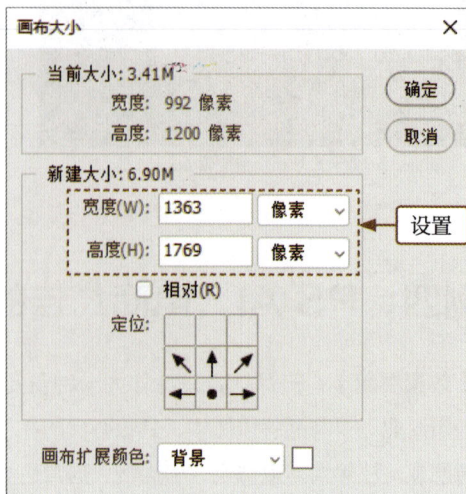

图 4-43　设置参数

03 单击"确定"按钮，即可扩展图像画布，效果如图 4-44 所示。

04 选取工具箱中的矩形选框工具，在图像四周的空白画布上创建多个矩形选区，如图 4-45 所示。

图 4-44　扩展图像画布

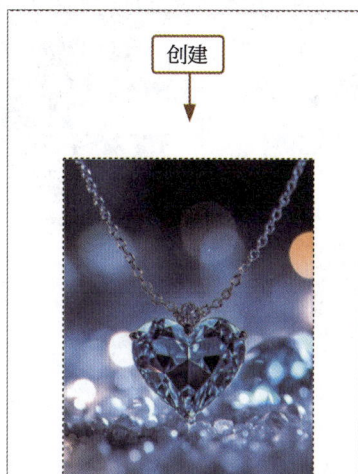

图 4-45　创建多个矩形选区

05 单击"编辑"|"生成式填充"按钮，在弹出的"创成式填充"对话框中，单击"生成"按钮，即可对图像进行内容识别填充，效果如图 4-46 所示。

06 按【Ctrl + Shift + Alt + E】组合键，进行图层操作，得到"图层 1"图层，单击"图像"|"调整"|"亮度 / 对比度"命令，弹出"亮度 / 对比度"对话框，设置"亮度"为 30，"对比度"为 10，单击"确定"按钮，调整图像的整体亮度与对比度，效果如图 4-47 所示。

图 4-46　进行内容识别填充

图 4-47　调整图像亮度与对比度

07 选取横排文字工具 **T**，输入文本内容并设置字体格式，效果如图 4-48 所示。

08 用同样的方法，在广告图中的适当位置输入珠宝广告的主题文字，并设置字体格式，效果如图 4-49 所示。

图 4-48 输入文本内容

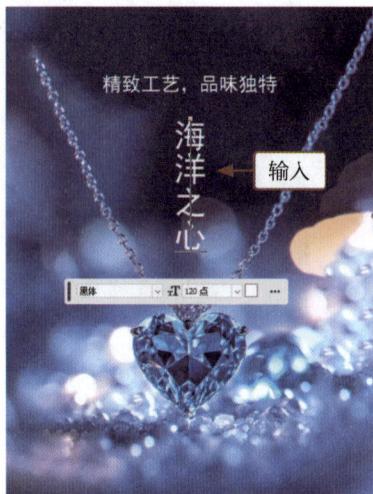

图 4-49 输入珠宝广告的主题文字

09 单击"图层"|"图层样式"|"描边"命令，弹出"图层样式"对话框，在右侧设置"大小"为 1 像素，"颜色"为黑色，单击"确定"按钮，如图 4-50 所示，为文字添加描边样式，使主题更为突出。

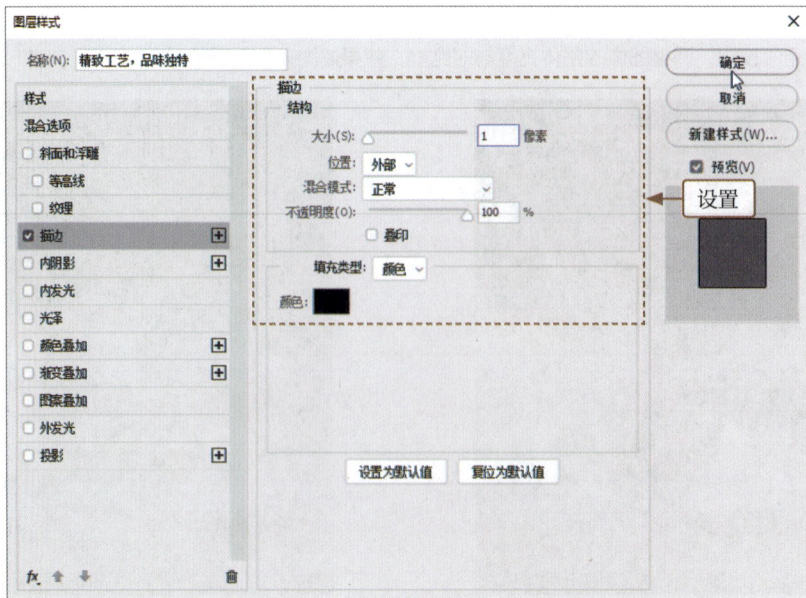

图 4-50 单击"确定"按钮

第 5 章
AI 数据分析

　　AI 数据分析凭借其独特的自动化处理能力、复杂的算法模型，以及精准的预测能力，为我们带来前所未有的数据洞察力与优化手段。通过本章的学习，我们将掌握如何运用 AI 数据分析，助力电商企业制定更精准的营销策略，进而提升整体运营效益。

5.1 AI 数据分析的概述与原理

AI 数据分析涵盖数据的收集、处理、分析和解释环节，旨在辅助个人或组织做出更明智的决策，有力推动各行业决策制定的智能化发展。本节内容循序渐进地介绍数据分析的相关知识，包括数据分析的定义与重要性、数据分析的基本流程，以及数据类型与来源。

5.1.1 AI数据分析的定义与重要性

1. AI 数据分析的定义

视频教学

AI 数据分析，指借助先进的人工智能技术与算法，对海量且复杂的数据集开展深度挖掘、处理、分析及解读操作。该过程突破传统数据统计分析范畴，融合机器学习、深度学习、自然语言处理、图像识别等前沿技术，实现数据分析自动化与智能化，进而挖掘数据中隐含的规律、模式、趋势及潜在价值信息。

AI 数据分析通常涉及以下几个关键步骤，如图 5-1 所示。

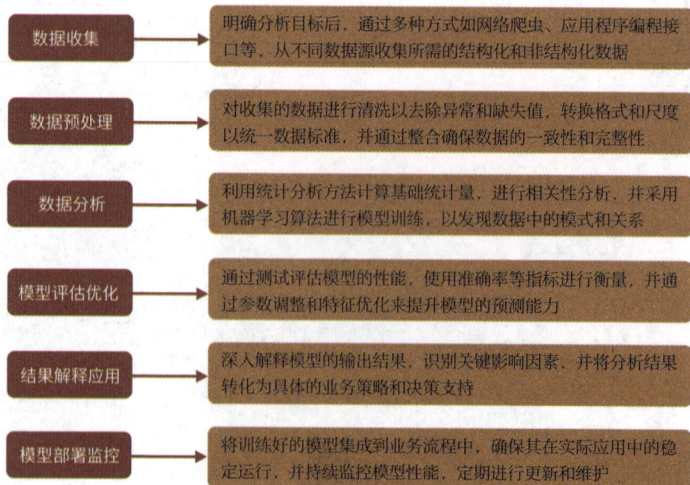

步骤	说明
数据收集	明确分析目标后，通过多种方式如网络爬虫、应用程序编程接口等，从不同数据源收集所需的结构化和非结构化数据
数据预处理	对收集的数据进行清洗以去除异常和缺失值，转换格式和尺度以统一数据标准，并通过整合确保数据的一致性和完整性
数据分析	利用统计分析方法计算基础统计量，进行相关性分析，并采用机器学习算法进行模型训练，以发现数据中的模式和关系
模型评估优化	通过测试评估模型的性能，使用准确率等指标进行衡量，并通过参数调整和特征优化来提升模型的预测能力
结果解释应用	深入解释模型的输出结果，识别关键影响因素，并将分析结果转化为具体的业务策略和决策支持
模型部署监控	将训练好的模型集成到业务流程中，确保其在实际应用中的稳定运行，并持续监控模型性能，定期进行更新和维护

图 5-1　AI 数据分析的步骤

2．AI 数据分析的重要性

在当今这个数据驱动的时代，AI 数据分析已经成为推动社会进步和经济发展的重要力量。AI 数据分析的重要性可以从多个维度进行细化：

(1) 效率提升。AI 可快速处理海量数据，较传统方法效率更高。

(2) 洞察强化。通过深度学习与复杂算法，AI 能够捕捉人类分析师易遗漏的模式与关联。

(3) 趋势预判。AI 数据分析可预测未来走向与行为，为战略制定与风险管控提供支撑。

(4) 服务定制。在零售、金融、医疗等领域，AI 数据分析助力实现个性化服务。

(5) 资源优化。企业借助精准数据分析，可更高效地配置资源，提升运营效能。

(6) 科研加速。AI 数据分析能够处理复杂科研数据集，推动研究成果快速产出。

(7) 决策提质。基于数据的决策更加客观、可靠，可降低人为失误风险。

(8) 创新驱动。数据分析能揭示新机遇，推动产品与服务创新。

5.1.2　AI 数据分析的基本流程

AI 数据分析通常包括如下几个基本流程，这些流程有助于系统地处理数据，从而得到有用的信息。

视频教学

(1) 问题定义。精确界定数据分析的目标，确保分析的方向与业务问题紧密相关，为整个数据分析项目提供清晰的指导方向和评估标准。

(2) 数据收集。系统地识别和定位数据源，通过有效的方法和技术手段收集高质量、相关性强的数据，为后续分析打下坚实的数据基础。

(3) 数据预处理。通过去除噪声、填补缺失值、标准化处理等操作，提升数据的质量和一致性，使其满足数据分析的格式和标准要求。

(4) 数据探索。运用描述性统计和可视化工具，深入挖掘数据的内在规律和模式，为特征工程和模型选择提供初步的数据。

(5) 特征工程。筛选和构造对模型预测能力有显著影响的特征，通过转换和编码等技术增强特征的表征能力，以提高模型的性能。

(6) 模型建立。根据问题性质选择合适的算法，通过训练数据集对模型进行训练，优化模型参数，以实现最佳的预测效果。

(7) 模型评估。利用未参与训练的数据集对模型进行测试，通过准确率、召回率等指标全面评估模型的泛化能力和稳定性。

(8) 结果解释。深入分析模型的输出结果，将复杂的模型预测转化为易于理解的业务语言，为决策者提供清晰的建议和解释。

(9) 部署上线。将经过验证的模型集成到业务流程中，确保模型在实际应用中的稳定运行，并监控其性能以适应环境变化。

(10) 报告撰写。综合分析过程、结果和业务影响，撰写结构清晰、逻辑严谨的报告，为管理层提供决策支持和知识传递。

每个步骤都需要精心设计和执行，以确保数据分析的质量和有效性。在实际操作中，这些步骤可能需要根据具体项目和数据特性进行调整。

5.2　AI 数据分析在电商中的作用

在信息化与数字化浪潮席卷的当下，电商行业竞争白热化，如何从海量数据中挖掘价值、提升用户体验、优化运营策略，成为电商企业亟待攻克的焦点难题。而 AI 数据分析作为新兴技术手段，正在电商领域发挥愈发关键的作用。本节我们将一同探讨 AI 数据分析在电商中的具体作用，助力大家更深入地了解这一技术。

5.2.1　精准营销与个性化推荐

在电商领域，AI 数据分析极大地提升了用户体验和购物转化率，它能够根据用户的浏览历史、购买行为和偏好，为用户提供个性化的商品推荐。这种精准的推荐系统不仅提高了用户的购物体验，也增加了转化率和用户黏性，具体表现在如图 5-2 所示的几个方面。

视频教学

5.2.2　优化供应链管理

AI 数据分析在电商供应链管理中发挥着重要的作用，这种智能化的供

视频教学

应链管理有助于电商企业实现资源的优化配置，具体表现在如图 5-3 所示的几个方面。

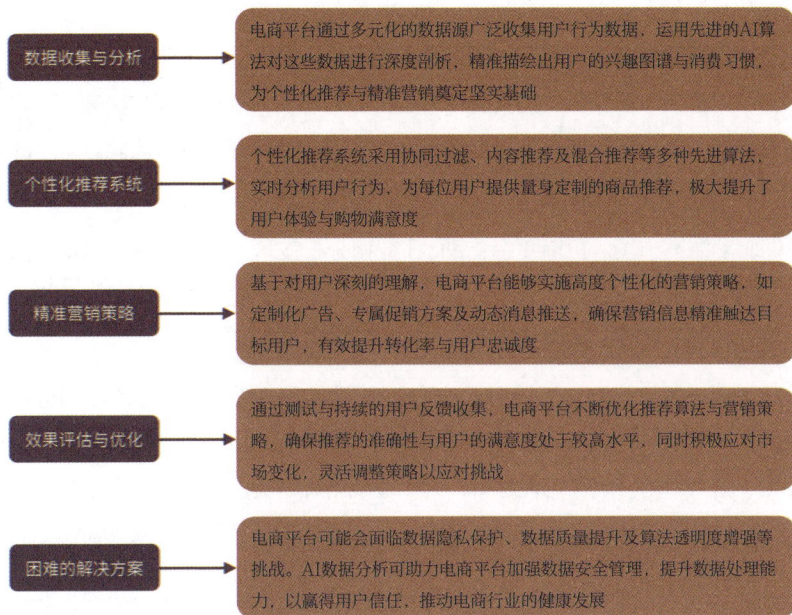

数据收集与分析 → 电商平台通过多元化的数据源广泛收集用户行为数据，运用先进的AI算法对这些数据进行深度剖析，精准描绘出用户的兴趣图谱与消费习惯，为个性化推荐与精准营销奠定坚实基础

个性化推荐系统 → 个性化推荐系统采用协同过滤、内容推荐及混合推荐等多种先进算法，实时分析用户行为，为每位用户提供量身定制的商品推荐，极大提升了用户体验与购物满意度

精准营销策略 → 基于对用户深刻的理解，电商平台能够实施高度个性化的营销策略，如定制化广告、专属促销方案及动态消息推送，确保营销信息精准触达目标用户，有效提升转化率与用户忠诚度

效果评估与优化 → 通过测试与持续的用户反馈收集，电商平台不断优化推荐算法与营销策略，确保推荐的准确性与用户的满意度处于较高水平，同时积极应对市场变化，灵活调整策略以应对挑战

困难的解决方案 → 电商平台可能会面临数据隐私保护、数据质量提升及算法透明度增强等挑战。AI数据分析可助力电商平台加强数据安全管理，提升数据处理能力，以赢得用户信任，推动电商行业的健康发展

图 5-2　精准营销与个性化推荐的特点

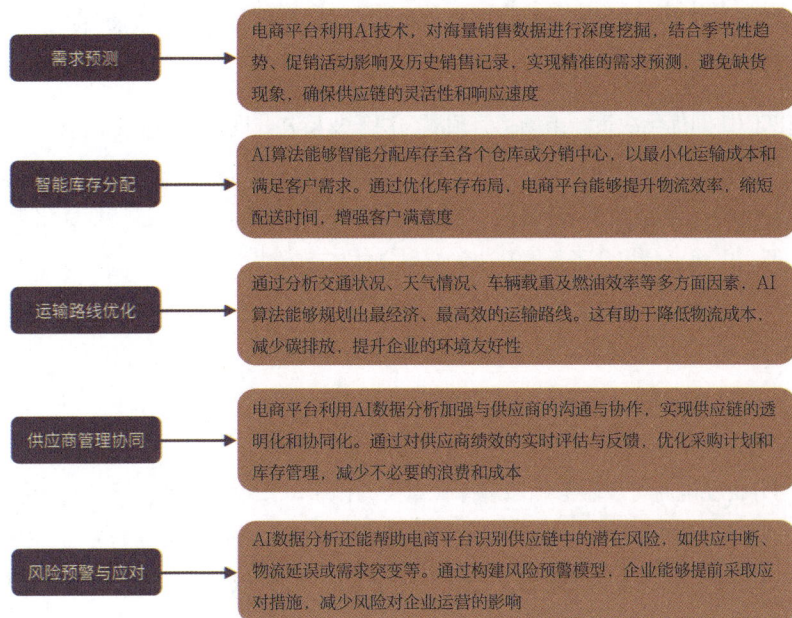

需求预测 → 电商平台利用AI技术，对海量销售数据进行深度挖掘，结合季节性趋势、促销活动影响及历史销售记录，实现精准的需求预测，避免缺货现象，确保供应链的灵活性和响应速度

智能库存分配 → AI算法能够智能分配库存至各个仓库或分销中心，以最小化运输成本和满足客户需求。通过优化库存布局，电商平台能够提升物流效率，缩短配送时间，增强客户满意度

运输路线优化 → 通过分析交通状况、天气情况、车辆载重及燃油效率等多方面因素，AI算法能够规划出最经济、最高效的运输路线。这有助于降低物流成本，减少碳排放，提升企业的环境友好性

供应商管理协同 → 电商平台利用AI数据分析加强与供应商的沟通与协作，实现供应链的透明化和协同化。通过对供应商绩效的实时评估与反馈，优化采购计划和库存管理，减少不必要的浪费和成本

风险预警与应对 → AI数据分析还能帮助电商平台识别供应链中的潜在风险，如供应中断、物流延误或需求突变等。通过构建风险预警模型，企业能够提前采取应对措施，减少风险对企业运营的影响

图 5-3　AI 数据分析在电商供应链管理中的作用

5.2.3 市场趋势预测与决策支持

AI 数据分析能够为电商企业提供市场趋势预测与决策支持。企业通过分析海量数据,可以掌握市场变化、消费者行为趋势等信息,为战略规划与决策制定提供有力依据,使决策更加科学、准确,助力企业把握机遇、规避风险。AI 数据分析的作用主要体现在以下方面。

视频教学

(1) 数据驱动洞察市场。电商平台借助 AI 数据分析技术,深度挖掘海量市场数据,涵盖消费者行为、行业动态、竞对策略等多维度信息。经高级算法处理,数据可转化为清晰的市场洞察,揭示隐藏趋势与模式,助力企业全面、深入理解市场。

(2) 精准预测市场趋势。基于数据驱动的市场洞察,AI 模型运用时间序列分析、机器学习预测等方法,对市场趋势进行高精度预测。预测不仅涉及销量、价格等量化指标,还涵盖消费者偏好变化、新兴市场崛起等定性趋势,为企业战略规划提供前瞻指引。

(3) 构建决策支持系统。电商平台整合市场趋势预测结果与内部运营数据,构建智能化决策支持系统。该系统自动生成报告、图表与可视化分析工具,助力决策者快速把握市场动态、评估策略影响,从而做出明智决策。此外,系统支持模拟不同场景下的决策效果,降低决策风险。

(4) 具备实时决策能力。AI 数据分析技术赋予电商平台实时决策能力。系统实时监控市场变化与内部运营状况,迅速识别潜在问题与机遇,为决策者提供即时反馈与建议。此实时性既提高决策效率,又使企业灵活应对市场波动,保持竞争优势。

(5) 跨部门协同优化决策。市场趋势预测与决策支持并非局限于某个部门或团队。电商平台构建跨部门数据共享与协同机制,确保各部门及时获取准确市场信息与决策支持。这种协同方式打破信息孤岛,促进部门沟通合作,推动企业整体发展。同时,通过持续优化决策流程与数据分析模型,电商平台将会不断提升决策的科学性与有效性。

5.2.4 提升客户服务质量

AI 数据分析在电商客户服务领域发挥着重要的作用。智能客服系统通过自然语言处理和机器学习技术,能够识别和理解用户的问题,并给出准确的答案。这种自动化的客服方式不仅提高了电商的响应速度,还降低了人工成本,具体表现如图 5-4 所示。

视频教学

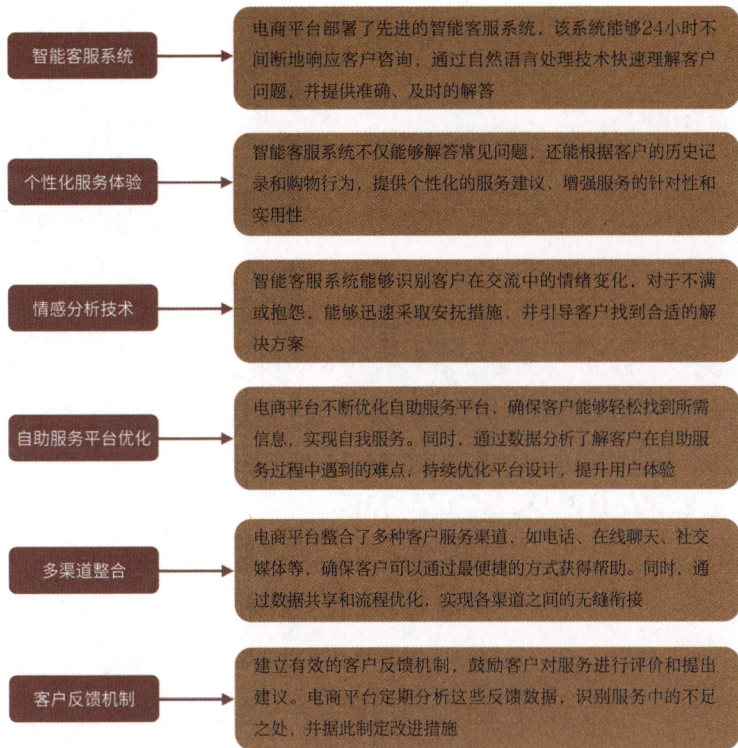

图 5-4　AI 数据分析在电商客户服务中的作用

5.2.5　欺诈行为检测与风险防控

AI 数据分析通过实时监测用户行为数据、交易数据等，能够识别出潜在的欺诈行为，并采取相应的防控措施。这种智能化的风险防控方式有助于保护用户利益和数据安全，维护电商平台的良好声誉，具体表现在以下几个方面。

视频教学

（1）数据收集监控筑基。电商平台全面收集用户交易、账户活动、设备信息等多维数据，实时监控异常登录、高频交易、大额资金流动等系统异常行为，构建欺诈行为检测基础。

（2）算法模型精准识别。运用先进机器学习算法与数据分析技术，平台自动识别并标记洗钱、虚假交易、账户盗用等潜在欺诈模式。模型持续学习优化，可更准确地识别出新型欺诈手段。

（3）预警系统即时响应。建立高效实时风险预警系统，检测到疑似欺诈行为立即触发预警，通知相关部门或自动采取冻结账户、限制交易等防御措施，遏制欺诈扩散。

（4）身份验证技术护航。引入面部识别、指纹识别、声纹识别等先进身份验证与生物识别技术，增强账户安全性，降低盗用风险，准确验证用户身份，防止冒用。

（5）跨平台合作共防。平台积极与金融机构、支付平台、物流公司等合作方建立信息共享机制，共享黑名单、欺诈模式等信息，提升电商生态系统整体风险防控能力。

（6）动态调整策略应对。欺诈行为持续演变，平台需保持警惕，监控市场动态与欺诈趋势，根据新手段及时调整检测策略与防控措施，保障系统的有效性与准确性。

（7）用户教育营造氛围。平台加强用户教育，宣传欺诈危害、提供防范指南，增强用户自我保护意识与能力，鼓励用户参与欺诈举报，形成全社会共防氛围。

5.3　AI 数据分析案例

案例一：文心一言，助力市场分析

文心一言可协助企业进行市场分析，其能收集、解析及理解市场数据信息，高效处理海量文本，提供深度见解与建议。借助对话交互，用户可向文心一言提出具体问题，即时获取分析结果与解释，辅助企业在瞬息万变的市场中做出明智决策。下面介绍利用文心一言开展市场分析的操作方法。

视频教学

01　在文心一言的输入框中输入对话前提，确认文心一言是否了解市场分析，相关的提示词和回复内容如下。

🔲 提示词

你知道怎样进行市场分析吗？

🔷 文心一言

进行市场分析时，需遵循一系列关键步骤以确保全面性和准确性。首先，明确分析目的与范围，确定你想要解决的具体问题或达成的目标，并界定分析的领域和时间段。

接下来，广泛收集市场数据与信息，包括市场规模、增长率、竞争对手动态、消费者需求，以及宏观经济环境等。利用问卷调查、访谈、社交媒体分析、行业报告等多种渠道获取数据，确保信息的全面性和时效性。

在收集到足够数据后，进行深入的市场趋势与变化分析。识别市场增长动力与阻力，关注新技术、新工艺的发展，以及政策环境的变化对市场的影响。同时，评估市场机会与风险，明确哪些领域存在潜在的增长机会，哪些因素可能构成威胁。

基于以上分析，制订营销策略与计划。通过细分市场、确定产品定位和制定营销组合策略，以满足市场需求并实现销售目标。确保营销策略具有针对性和创新性，能够吸引目标消费者。

在整个市场分析过程中，采用适当的分析方法至关重要。系统分析法、比较分析法、结构分析法，以及定性与定量分析结合法等都是常用的工具，可以根据实际情况选择使用。

最后，保持耐心和持续学习的态度。市场分析是一个动态的过程，需要不断关注市场动态、新技术和新理论的发展。通过持续学习和实践，不断提升市场分析的能力和水平，为企业决策提供更加精准和有力的支持。

02　让文心一言生成可供市场分析的文本，相关的提示词和回复内容如下。

提示词

请提供一段可进行市场分析的文章样本。

文心一言

智能穿戴设备市场分析报告

近年来，智能穿戴设备市场呈现爆发式增长态势。随着消费者对健康管理和便捷生活的追求日益增强，智能手表、健康手环等智能穿戴产品逐渐成为市场新宠。

当前，市场竞争激烈，国内外品牌纷纷布局。苹果、华为等科技巨头凭借强大的品牌影响力和技术创新能力占据领先地位。同时，新兴品牌通过差异化竞争策略，如专注于特定运动场景或健康监测功能，也赢得了消费者的青睐。

从市场趋势来看，智能穿戴设备正逐步向智能化、个性化、专业化方向发展。未来，随着5G、AI等技术的不断融入，智能穿戴设备将实现更多元化的应用场景和更精准的数据分析，为用户提供更加全面、个性化的健康管理方案。

然而，市场也面临一定挑战，如产品同质化严重、用户隐私保护等问题。因此，企业需不断创新，提升产品竞争力，同时加强用户隐私保护，以赢得消费者的信任和忠诚。

综上所述，智能穿戴设备市场前景广阔，但竞争亦日益激烈。企业需紧跟市场趋势，不断创新，以在激烈的市场竞争中脱颖而出。

03　在输入框中输入相应提示词，让文心一言根据给出的文章进行市场分析，相关的提示词和回复内容如下。

提示词

根据上面的文本进行市场分析。

文心一言

智能穿戴设备市场分析

1. 市场现状与增长趋势

智能穿戴设备市场正处于快速增长期，消费者对健康监测、运动追踪及便捷生活的需求推动了这一市场的蓬勃发展。随着技术的进步和成本的降低，智能穿戴设备逐渐从高端市场渗透到大众消费市场，市场规模持续扩大。

2. 竞争格局

市场竞争格局多元化，既有苹果、华为等大品牌凭借影响力和技术实力占据主导地位，也有众多新兴品牌通过细分市场、差异化竞争策略快速崛起。这些新兴品牌往往更加专注于某一特定领域或用户群体，提供更加个性化和专业化的产品和服务。

3. 市场趋势

未来，智能穿戴设备市场将继续向智能化、个性化、专业化方向发展。随着5G、AI等前沿技术的不断融入，智能穿戴设备将实现更多元化的应用场景和更精准的数据分析，为用户提供更加全面、便捷、个性化的健康管理方案。同时，随着消费者对隐私和数据安全的关注度不断提升，企业在产品开发过程中也需要更加注重用户隐私保护。

4. 挑战与机遇

尽管市场前景广阔，但智能穿戴设备市场也面临诸多挑战，如产品同质化严重、用户隐私保护等问题。然而，这些挑战也为行业带来了机遇。企业可以通过技术创新、产品差异化等方式提升竞争力，同时加强用户隐私保护，赢得消费者的信任和忠诚。

案例二：智谱清言，进行销售分析

智谱清言可处理销售记录、客户反馈、市场动态等信息，助力企业明确热门产品或服务，预测市场需求走向，剖析客户行为规律，进而优化销售策略、提升业绩。用户通过对话即可便捷查询特定数据点，获取实时分析结果，在激烈的市场竞争中占据主动。下面介绍利用智谱清言开展销售分析的操作方法。

视频教学

01 在智谱清言的输入框中输入相应提示词，让其提供销售分析的特点，相关的提示词和回复内容如下。

提示词

销售分析的特点是什么？

智谱清言

销售分析的特点主要体现在以下几个方面：

1. 综合性与细致性并存

销售分析不仅是对企业整体销售情况的宏观监控，还深入各个细节层面。它涵盖了销售额、销售量、产品线、价格体系、区域分布、客户分级、库存等多个维度的数据，确保分析结果的全面性和准确性。

2. 数据驱动与策略指导

销售分析是基于大量销售数据的分析过程，通过数据挖掘、统计分析等方法，揭示销售活动的内在规律和趋势。这些分析结果直接用于指导企业的销售策略制定和市场策略调整，确保企业的营销活动更加精准、有效。

3. 实时性与动态性

销售分析需要实时更新销售数据，并根据数据变化及时调整分析策略。特别是在市场竞争激烈、产品更新换代快速的今天，销售分析的实时性和动态性显得尤为重要。企业需要通过及时、准确的数据分析，快速响应市场变化，调整销售策略，保持竞争优势。

4. 目标导向与问题驱动

销售分析的目标是明确企业销售目标达成情况，找出销售过程中存在的问题和瓶颈。通过对比分析、趋势分析等方法，企业可以清晰地看到自身的销售状况与竞争对手的差距，以及在不同市场、产品、渠道等方面的表现。这有助于企业更加明确自身的优势和劣势，从而制定更具针对性的销售策略。

5. 工具辅助与高效执行

现代销售分析借助了专业的数据分析工具和软件，如 Excel、九数云等，大大提高了数据分析的效率和准确性。这些工具提供了丰富的分析功能和模板，销售人员可以轻松地构建各种销售分析报表和图表，实现数据的可视化展示和深入分析。同时，工具的使用也降低了数据分析的门槛，使得更多的销售人员能够参与到销售分析中来，共同推动销售工作的顺利开展。

02 使用智谱清言，根据这些特点生成可供销售分析的文本，相关的提示词和回复内容如下。

🔲 提示词

根据这些特点，生成可供销售分析的文章样本。

◎ 智谱清言

销售分析报告样本

本月销售数据已全面汇总并分析完毕，整体呈现稳步增长态势。总销售额较上月提升 15%，主要得益于新品上市的积极反响及老客户复购率的显著提升。

从产品线来看，智能穿戴设备持续领跑，销售额占比高达 40%，环比增长 20%，显示出市场对健康科技产品的强烈需求。同时，智能家居系列也表现不俗，销售额稳步增长 10%，反映出消费者对生活品质提升的追求。

在区域分布上，华东地区继续作为销售主力军，贡献了近 60% 的销售额，其中上海、杭州等城市的市场表现尤为突出。而西部地区虽基数较小，但本月增长率高达 25%，具有很大的市场潜力。

客户分析方面，高端客户群体对定制化服务的需求日益增长，促使我们进一步优化客户服务体系，提升客户满意度。此外，通过精准营销策略，成功吸引了一批新客户，为销售增长注入了新动力。

库存管理方面，本月我们加强了库存监控与预测，有效降低了库存积压风险，同时确保热销产品的及时供应。

综上所述，本月销售表现良好，但仍需持续关注市场动态，优化产品结构，深化客户服务，以应对未来市场的挑战与机遇。

03 使用智谱清言，根据以上内容进行销售分析，相关的提示词和回复内容如下。

🟦 **提示词**

根据以上内容进行销售分析。

🔵 **智谱清言**

销售分析报告

本月销售表现强劲，总销售额实现了 15% 的环比增长，显示出市场对我们产品的高度认可。智能穿戴设备的热销，不仅巩固了我们在该领域的市场地位，也为公司整体业绩的增长提供了重要支撑。这表明，健康科技产品依然是市场的热点，我们应继续加大研发投入，推出更多符合消费者需求的新品。

区域市场的差异化表现值得关注。华东地区作为传统销售重镇，持续贡献高额销售额，而西部地区的高速增长则揭示了市场的新增长点。未来，我们将进一步优化市场布局，加大对西部地区的投入，挖掘其市场潜力。

客户群体的变化也为我们提供了新的启示。高端客户对定制化服务的需求增加，促使我们不断提升服务品质，以满足其个性化需求。同时，新客户的加入也为公司带来了新的增长动力，我们将继续优化营销策略，吸引更多潜在客户。

库存管理方面，通过加强监控与预测，我们有效降低了库存成本，提高了运营效率。未来，我们将继续完善库存管理体系，确保供应链的顺畅运作。

综上所述，本月销售业绩喜人，但市场竞争依然激烈。我们将继续秉承客户至上的原则，不断创新产品和服务，以应对市场的变化与挑战。

案例三：Kimi，开展客户分析

客户分析，是指通过收集、处理和分析客户数据，了解客户行为、需求、偏好和满意度，从而制定有针对性的营销策略、改进产品和服务，提高客户满意度和忠诚度的过程。利用 Kimi 进行客户分析，可以帮助企业更好地了解客户，从而制定更有效的营销和服务策略。下面介绍具体的操作方法。

视频教学

01 在 Kimi 的输入框中输入提示词，获取客户分析的信息，相关的提示词和回复内容如下。

🟦 **提示词**

什么是客户分析？怎样利用 Kimi 进行客户分析？

Kimi

什么是客户分析?

客户分析是根据各种关于客户的信息和数据,深入了解客户需求、分析客户特征、评估客户价值,并据此为客户制订相应的营销策略与资源配置计划的过程。通过客户分析,企业可以更好地理解客户,优化客户服务,提升客户满意度和忠诚度,从而实现企业的长期发展。

怎样利用 Kimi 进行客户分析?

Kimi 作为一种智能搜索引擎和工具,可以在客户分析过程中发挥重要作用。以下是如何利用 Kimi 进行客户分析的具体步骤:

1. 明确分析目的与需求

在进行客户分析之前,需要先明确分析的目的和需求。例如,是为了提升客户满意度,还是为了发现潜在的高价值客户?明确目的后,可以更有针对性地制订分析计划。

2. 收集客户数据与信息

利用 Kimi 的搜索引擎功能,输入相关的关键词和参数,搜集客户的各类数据与信息。这些数据可能包括客户的交易记录、购买行为、反馈意见、社交媒体活动等。确保收集到的数据全面、准确,以便后续分析。

3. 数据清洗与整理

收集到的数据可能存在噪声和缺失值,需要进行清洗和整理。Kimi 的自然语言处理和机器学习算法,可以实现这一过程的自动化,提高数据质量。

4. 客户细分与价值评估

根据分析结果,将客户细分为不同的群体,同时,评估每个客户的价值,包括其消费能力、忠诚度、口碑传播能力等。这些信息将有助于企业优化资源配置,为不同价值的客户提供不同的服务和优惠。

综上所述,利用 Kimi 进行客户分析可以大大提高分析效率和准确性,帮助企业更好地理解客户需求,提升竞争力。通过明确分析目的、搜集数据、清洗整理、行为分析、客户细分与价值评估、制定营销策略,以及跟踪评估效果等步骤,企业可以实现客户分析的全面性和系统性。

02　继续输入提示词,让 Kimi 提供一份智能手机的客户分析文章样本,相关的提示词和回复内容如下。

提示词

请提供一份智能手机的客户分析文章样本。

Kimi

标题: 智能手机市场客户分析洞察

随着智能手机市场的日益成熟,消费者需求趋于多元化与个性化。利用 Kimi 的深度学习能力,我们对当前智能手机用户进行了细致分析。

数据显示,年轻用户群体(18-35 岁)更偏好高性能、高颜值及创新功能的手机,如折叠屏、高刷新率屏幕及强大的摄影系统。他们注重品牌调性,愿意为前沿科技支付溢价。

中年用户(36-55 岁)更看重手机的实用性与耐用性,如长续航、大存储空间及稳定的操作系统。这部分用户倾向于选择知名品牌，追求性价比与良好的售后服务。

老年用户 (56 岁以上) 则对手机的易用性有较高要求，如大字体、简洁界面及语音助手功能。他们偏好操作简便、价格适中的机型，且对品牌忠诚度较高。

随着 5G 网络的普及，越来越多的用户开始关注手机的网络连接速度与稳定性，这也成为影响购买决策的重要因素之一。

综上所述，智能手机市场客户分析需结合不同年龄层、使用习惯及网络需求进行精细化划分。Kimi 将持续追踪市场动态，为企业提供更加精准的客户洞察与营销策略建议。

03 使用 Kimi 分析这篇文章，提取创新点，了解当前市场的趋势和用户关注的焦点，相关的提示词和回复内容如下。

提示词

对以上的内容进行客户分析，提取出相关技术的创新点，了解市场的趋势和用户关注的焦点。

Kimi

客户分析与市场趋势洞察

1. 技术创新点

折叠屏技术：年轻用户群体对折叠屏手机的高偏好反映了技术创新在吸引年轻消费者方面的巨大潜力。折叠屏技术不仅提供了更大的屏幕体验，还满足了用户对于便携性和多功能性的双重需求，是智能手机形态创新的重要方向。

高刷新率屏幕：随着游戏和视频内容的日益丰富，用户对屏幕流畅度的要求不断提高。高刷新率屏幕技术的引入，显著提升了用户体验，成为智能手机性能竞争的新焦点。

摄影系统升级：智能手机摄影功能的不断升级，尤其是多摄像头系统和 AI 摄影算法的引入，使得手机摄影效果直逼专业相机。这一技术创新满足了用户对高质量影像记录的需求，成为吸引用户的重要因素。

2. 市场趋势分析

多元化与个性化需求：随着消费者需求的日益多元化和个性化，智能手机市场呈现出更加细分的趋势。不同年龄段、职业背景和消费能力的用户对于手机的需求各不相同，企业需要更加精准地把握市场脉搏，推出符合目标用户需求的产品。

技术创新驱动：技术创新是推动智能手机市场发展的重要动力。从折叠屏、高刷新率屏幕到摄影系统升级，每一次技术创新都为用户带来了全新的体验，也为企业赢得了市场先机。

网络连接与稳定性：随着 5G 网络的普及和物联网技术的发展，用户对智能手机的网络连接速度和稳定性提出了更高的要求。企业需要不断优化手机的网络性能，确保用户能够享受到更加流畅、稳定的网络。

案例四：秘塔AI，实施财务分析

财务分析是评估企业财务报表及其他财务数据，以掌握其财务状况与经营

视频教学

成效，为决策提供支撑的过程，可助力投资者等利益相关者做出更优决策。下面介绍使用秘塔
AI 进行财务分析的操作方法。

01　在秘塔 AI 的输入框中输入提示词，让它提供一份公司财务报表，相关的提示词和回复的内容如下。

提示词

请提供一份可供财务分析的公司财务报表。

秘塔 AI 搜索

公司财务报告样本

一、企业概述

公司名称：未来科技有限公司

行业：高科技电子制造业

二、主要财务数据摘要

截至 2025 年 12 月 31 日，公司总资产为 100 亿元，其中流动资产 40 亿元，包括货币资金 15 亿元、应收账款 10 亿元及存货 15 亿元。非流动资产 60 亿元，主要为固定资产及无形资产。

负债总额为 50 亿元，包括短期借款 20 亿元、长期借款 15 亿元，应付账款 10 亿元。资产负债率 50%，显示公司资本结构稳健。

三、财务比率分析

偿债能力

资产负债率：50%

流动比率：2.0（流动资产／流动负债）

速动比率：1.5（速动资产／流动负债）

利息保障倍数：5 倍（息税前利润／利息费用）

公司短期及长期偿债能力均较强，财务风险较低。

盈利能力

毛利率：30%（营业收入 - 营业成本）／营业收入

营业利润率：15%

净利率：10%

净资产收益率：20%（净利润／平均净资产）

公司盈利能力稳定，资产使用效率高。

02　继续输入提示词，让秘塔 AI 根据这份报表进行财务分析，相关的提示词和回复内容如下。

提示词

请根据这份报表进行财务分析。

⋀⋀ 秘塔 AI 搜索

根据未来科技有限公司的财务报告样本，我们可以进行以下财务分析：

1. 偿债能力分析

资产负债率：50% 的资产负债率表明公司的债务与资产之间保持了相对平衡的关系，既利用了财务杠杆效应，又没有过度依赖借款，降低了财务风险。

流动比率和速动比率：流动比率为 2.0，速动比率为 1.5，均显示出公司具有较强的短期偿债能力。这意味着公司有足够的流动资产来覆盖其短期债务，即使在面临突发性的资金需求时，也能迅速应对。

利息保障倍数：5 倍的利息保障倍数表明公司的息税前利润足以覆盖其利息费用，进一步证明了公司的偿债能力较强。

2. 盈利能力分析

毛利率、营业利润率和净利率：公司毛利率达到 30%，营业利润率 15%，净利率 10%，这些指标均处于较高水平，说明公司产品或服务具有较高的附加值，且成本控制能力较强，能够在市场竞争中保持较好的盈利能力。

净资产收益率：20% 的净资产收益率表明公司股东投入的资金得到了有效利用，并产生了较高的回报，这对于吸引投资者和维持股东信心至关重要。

3. 综合评价

总体而言，未来科技有限公司的财务报告显示出公司具有较强的偿债能力、运营能力和盈利能力，且未来增长潜力较大。然而，公司也需要密切关注市场动态和风险因素，制定有效的应对策略，以确保持续稳定的发展。

第 6 章
AI 直播卖货

　　AI 直播卖货作为人工智能技术在电商领域的关键应用，依托深度学习、自然语言处理、计算机视觉等前沿技术，实现了直播间的自动化运作与高效销售。本章将细致阐述 AI 直播卖货相关知识及应用场景，助力大家深入认识这一领域。

6.1   AI 直播卖货的概述与原理

AI 直播卖货作为一种新兴的销售模式，正在逐渐改变传统的电商生态。本节主要介绍这一领域的概况及其背后的运作原理，为用户揭开 AI 直播卖货的神秘面纱，让用户对其有更为清晰的认识。

6.1.1   AI 直播卖货的技术概念

AI 直播卖货的技术概念，主要围绕人工智能技术在直播带货领域的应用展开，它融合了深度学习、自然语言处理、计算机视觉、大数据分析等多项先进技术，以实现直播间自动化运营和高效销售。以下是 AI 直播卖货技术概念的详细解析。

视频教学

1. 技术基础

技术基础是支撑 AI 直播卖货正常运行与发展的基石，这些技术并非孤立存在，而是相互交织、共同作用于整个直播流程之中，为 AI 主播的智能化表现提供了强有力的支持，具体表现如图 6-1 所示。

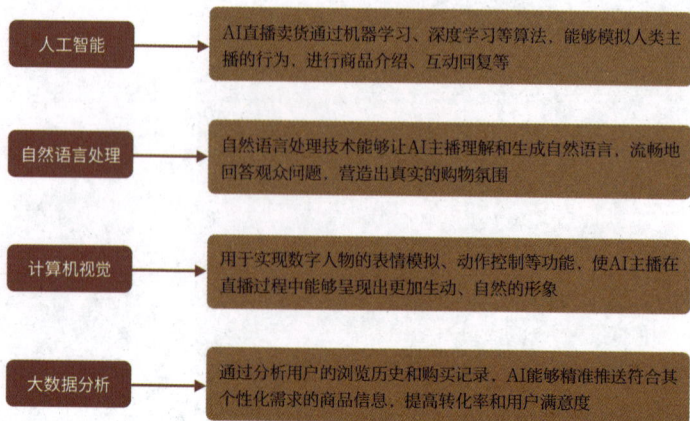

人工智能	AI 直播卖货通过机器学习、深度学习等算法，能够模拟人类主播的行为，进行商品介绍、互动回复等
自然语言处理	自然语言处理技术能够让 AI 主播理解和生成自然语言，流畅地回答观众问题，营造出真实的购物氛围
计算机视觉	用于实现数字人物的表情模拟、动作控制等功能，使 AI 主播在直播过程中能够呈现出更加生动、自然的形象
大数据分析	通过分析用户的浏览历史和购买记录，AI 能够精准推送符合其个性化需求的商品信息，提高转化率和用户满意度

图 6-1   AI 直播卖货的技术基础

2. 应用场景

AI直播卖货有着多样化的应用场景，这些场景不仅体现了技术的实用性，也预示着电商行业未来的发展趋势。从基础但至关重要的虚拟主播角色，到个性化推荐的精准营销，再到实时互动的优化体验，AI正以一种润物细无声的方式，悄然改变着直播带货的生态。

(1) 虚拟主播。AI技术催生了大量虚拟主播，它们不仅拥有24小时不间断工作的能力，还能通过深度学习不断优化表情、语调，使互动更加自然流畅。这些虚拟主播能够像真人一样与用户进行互动，推介商品。

(2) 智能推荐。基于大数据分析，AI能够精准识别用户偏好，实现个性化商品推荐。这种"一对一"的定制化服务大大提高了转化率和用户满意度。

(3) 实时互动优化。AI能够实时监测直播间中的观众反馈，包括弹幕、点赞、评论等，快速分析并调整直播内容，甚至推荐相关产品，实现高效的人机互动。

3. 技术实现步骤

AI直播卖货的技术实现，既是理论与实践的紧密结合，也是将创新想法转化为实际生产力的关键环节。通过条理清晰、步步为营的方法论，我们可以确保AI直播卖货项目的顺利推进，并为后续的持续优化奠定坚实基础。

(1) 选择平台与设备。选择适合的大型直播平台（如淘宝、抖音、快手等）和高质量的直播设备（如高清摄像头、麦克风等）。

(2) 配置AI带货系统。通过深度学习、自然语言处理、计算机视觉等先进技术，构建AI带货系统，模拟人类主播的语音、表情、动作等。

(3) 制定直播计划与脚本。确定直播的时间、内容、推广策略，并编写直播脚本，包括开场白、产品介绍、互动环节等。

(4) 集成AI技术与直播环境。将AI带货系统与直播平台对接，配置直播间的背景、灯光、音效等环境，确保直播画面清晰、声音流畅。

(5) 监控与优化直播过程。实时监控直播效果和用户反馈，通过数据分析工具了解观看人数、互动率、转化率等指标，并根据数据结果及时调整直播策略和内容。

(6) 结束直播与数据分析。直播结束后，通过平台提供的数据分析工具，对直播效果进行深入分析，为下一次直播提供参考。

6.1.2 AI直播卖货的技术原理

AI 直播卖货的技术原理复杂而精密, 它融合了多种先进技术于一体, 通过智能化、自动化的方式为用户提供更加便捷、高效的购物体验。AI 直播卖货的技术原理涉及多个技术领域的综合应用, 包括人工智能、计算机视觉、语音合成、自然语言处理, 以及多模态交互技术等。

视频教学

随着技术的不断进步和应用场景的不断拓展, AI 直播卖货将在未来发挥更加重要的作用。下面对这些技术原理进行详细解析, 如图 6-2 所示。

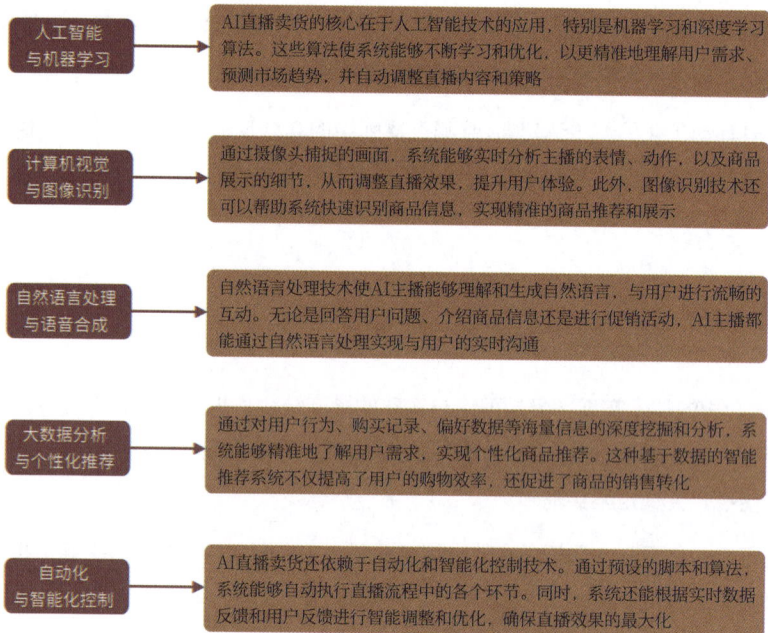

| 人工智能与机器学习 | AI直播卖货的核心在于人工智能技术的应用, 特别是机器学习和深度学习算法。这些算法使系统能够不断学习和优化, 以更精准地理解用户需求、预测市场趋势, 并自动调整直播内容和策略 |

| 计算机视觉与图像识别 | 通过摄像头捕捉的画面, 系统能够实时分析主播的表情、动作, 以及商品展示的细节, 从而调整直播效果, 提升用户体验。此外, 图像识别技术还可以帮助系统快速识别商品信息, 实现精准的商品推荐和展示 |

| 自然语言处理与语音合成 | 自然语言处理技术使AI主播能够理解和生成自然语言, 与用户进行流畅的互动。无论是回答用户问题、介绍商品信息还是进行促销活动, AI主播都能通过自然语言处理实现与用户的实时沟通 |

| 大数据分析与个性化推荐 | 通过对用户行为、购买记录、偏好数据等海量信息的深度挖掘和分析, 系统能够精准地了解用户需求, 实现个性化商品推荐。这种基于数据的智能推荐系统不仅提高了用户的购物效率, 还促进了商品的销售转化 |

| 自动化与智能化控制 | AI直播卖货还依赖于自动化和智能化控制技术。通过预设的脚本和算法, 系统能够自动执行直播流程中的各个环节。同时, 系统还能根据实时数据反馈和用户反馈进行智能调整和优化, 确保直播效果的最大化 |

图 6-2 AI 直播卖货的技术原理

6.2 AI 直播卖货的应用场景

在当今数字化浪潮的推动下, AI 直播卖货这一新兴模式正深刻地改变着各行业的营销格局, 其应用场景不断拓展, 为商家与消费者搭建起了一座座高效便捷的沟通桥梁。本节将深入探讨 AI 直播卖货在这些行业中的具体应用情况, 一窥其如何助力各领域实现销售与品牌推广的双赢。

6.2.1　服装行业

视频教学

　　AI 直播卖货在服装行业的应用日益广泛，为商家带来了全新的销售模式和用户体验。以下是 AI 直播卖货在服装行业的几个主要应用场景。

1．商品展示与搭配推荐

　　在传统的销售模式中，用户往往需要通过图片和文字来了解商品。但在 AI 直播卖货的场景下，这一切都变得更加直观和生动。

　　(1) 自动化展示。AI 技术能够自动化地展示服装产品，通过高清摄像头和智能算法，实现 360 度无死角展示，让用户全方位了解产品细节。

　　(2) 搭配推荐。利用 AI 的深度学习能力，分析用户的购物历史和偏好，提供个性化的商品推荐，提升购买转化率，如图 6-3 所示。

图 6-3　AI 根据用户偏好推荐的商品

2．虚拟试衣与互动体验

　　在购物时，用户更希望能在购买前亲身体验服装的效果。这时，AI 直播的虚拟试衣功能就派上了大用场。

（1）虚拟试衣。结合 AR（augmented reality，增强现实）和 VR（virtual reality，虚拟现实）技术，AI 直播为用户带来了前所未有的试衣体验。通过智能试穿功能，用户可以看到不同服装在自己身上的效果。

（2）互动体验。AI 主播的加入，让直播间的互动体验变得更加生动有趣。它们可以根据用户的需求进行实时互动，解答疑问，提出穿搭建议，甚至通过游戏化的方式增加直播的趣味性，如图 6-4 所示。

图 6-4　虚拟主播

3．24 小时不间断直播

AI 直播能够打破时间和人力的限制，为用户提供全天候的购物服务，提升用户的购物体验。

（1）全天候服务。AI 直播能够实现 24 小时不间断的服务，无论白天还是黑夜、工作日还是节假日，只要用户有购物的意愿，都可以随时进入 AI 直播间咨询购买，这无疑会吸引更多的潜在消费者。

（2）提高曝光度。通过长时间的直播，服装产品的曝光度也会大大提高，从而增加品牌知名度和销售额。

4．数据分析与精准营销

AI 直播的智能化还体现在它的数据分析能力上。通过收集和分析直播数据，商家可以更加精准地了解消费者需求，制定营销策略。

（1）数据分析。AI 技术能够实时收集和分析直播数据，包括观看人数、停留时间、购买转化率等关键指标，这些数据为商家提供了宝贵的决策支持。

(2) 精准营销。基于数据分析结果，AI 还可以自动调整直播策略，如推荐更受欢迎的商品、调整直播时间等，从而实现精准营销，提高销售效果。

5. 场景化营销与直播带货

除了数据分析和精准营销，AI 直播还能通过场景化营销和直播带货的方式，进一步提升消费者的购物体验和购买欲望。

(1) 场景化营销。根据不同的节日、季节或主题活动，AI 直播可以设置相应的直播场景，营造浓厚的购物氛围。这种场景化的营销方式，能够激发消费者的购买欲望，提高销售额。

(2) 直播带货。直播带货是 AI 直播在服装行业的又一重要应用场景，通过直播的形式，AI 主播可以直接向消费者介绍服装产品的特点、优势和使用方法，引导消费者下单购买，如图 6-5 所示。

图 6-5　AI 直播带货主播

6. 智能化客服与售后支持

AI 直播能够提供智能化的客户服务和售后支持，提升商家整体的服务水平和用户的使用体验。

（1）智能化客服。在直播过程中或购物后，消费者可能会遇到各种问题。AI技术可以应用于直播间的客服系统，自动回答消费者的问题，解决他们在购物过程中的困惑。这种智能化客服不仅提高了响应速度，还降低了人力成本。

（2）售后支持。对于已购买的商品，AI同样可以提供智能化的售后支持服务。无论是退换货指导，还是尺码调整建议，AI都能迅速给出解决方案，让消费者感受到无微不至的关怀。

6.2.2　美妆行业

AI直播卖货在美妆行业的应用日益广泛，其通过深度学习、自然语言处理、计算机视觉等先进技术，模拟人类主播的语音、表情、动作，甚至具备一定程度的情感交流能力，为美妆行业提供了全新的销售模式和商业机遇。以下是AI直播卖货在美妆行业的具体应用方式。

视频教学

1．个性化推荐与精准营销

在美妆行业，了解并满足消费者的个性化需求是至关重要的。随着AI技术的引入，我们得以通过大数据分析，深入挖掘消费者的偏好和行为模式，从而为他们提供更加个性化的购物体验，具体表现如图6-6所示。

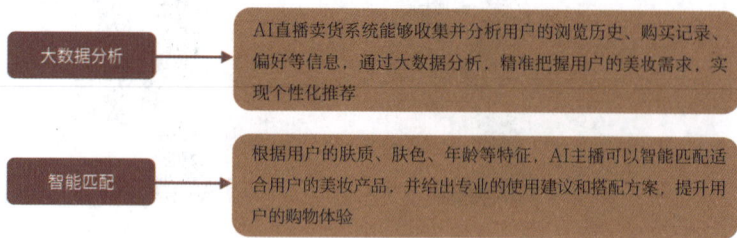

图6-6　美妆行业的个性化购物体验

2．高效互动与实时答疑

高效的互动和实时的答疑是提升用户体验的关键。AI直播卖货系统通过其先进的交互能力，为消费者带来了前所未有的购物互动体验，如图6-7所示。

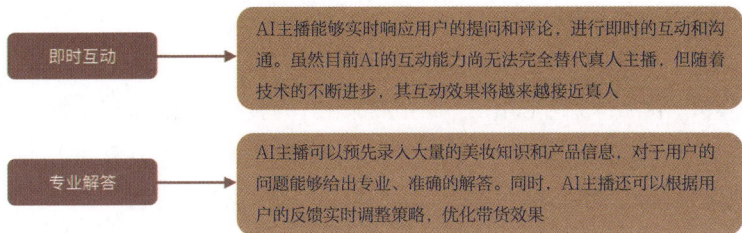

图 6-7 美妆行业的购物互动体验

3．创新直播内容与形式

为了吸引更多消费者的关注和参与，美妆品牌需要不断创新直播的内容和形式。AI 直播卖货系统凭借其强大的技术支撑，为品牌商提供了丰富的创意空间。

（1）虚拟试妆。结合 AR 技术，AI 直播卖货系统可以为用户提供虚拟试妆功能。用户只需上传自己的照片或进行实时拍摄，即可在屏幕上看到不同美妆产品的试妆效果，提升购物的趣味性和便捷性。

（2）定制化直播。AI 主播可以根据用户的需求和兴趣，定制直播的内容和形式。例如，针对特定节日或活动推出主题直播；邀请美妆达人或明星进行联合直播等。这些创新的直播内容和形式，有助于吸引更多用户的关注和参与。

4．提升品牌形象与用户黏性

在美妆行业中，品牌形象和用户黏性是企业长期发展的基石。AI 直播卖货系统不仅能够帮助品牌提升专业形象，还能够增强与用户的互动和联系。

（1）专业形象。AI 主播通过专业的形象和语言风格，能够提升美妆品牌的专业性和可信度。同时，AI 主播还可以根据品牌调性进行定制化设计，使直播内容与品牌形象保持一致。

（2）用户反馈与优化。AI 直播卖货系统可以收集用户的反馈和意见，进行产品改进和服务优化。通过不断优化直播内容和形式，美妆品牌能够建立起更为稳固的用户群体，并与他们保持良好的互动关系。

从上面的内容中，可以看出 AI 直播卖货在美妆行业的应用具有广阔的前景和巨大的潜力。随着技术的不断进步和消费者需求的不断变化，AI 直播卖货将成为美妆行业不可或缺的一部分。

6.2.3 食品行业

AI 直播卖货于食品行业的应用正不断拓展深化, 为食品企业开辟出全新的营销版图与销售增长通道, 创造了前所未有的发展契机。以下为 AI 直播卖货在食品行业中的具体应用方式。

视频教学

1. 自动化流程与高效运营

在传统的销售模式中, 食品企业需要投入大量的人力、物力来维护直播流程, 这大大增加了食品的营销成本。AI 技术的应用, 使得直播流程得以自动化。

(1) 自动化直播。AI 技术能够实现直播流程的自动化, 包括自动播放、自动介绍产品、自动回答常见问题等, 减轻人工负担, 提高直播效率。

(2) 数据分析。AI 系统能对直播数据进行实时分析, 帮助商家了解观众需求、市场趋势等, 为产品设计和营销策略提供有力支持。

2. 产品展示与营销创新

在竞争激烈的食品市场中, 如何有效地展示产品并吸引消费者的注意力成为一个重要课题。AI 直播以其高清视频直播的优势, 为食品企业提供了一个全新的展示平台, 具体表现如图 6-8 所示。

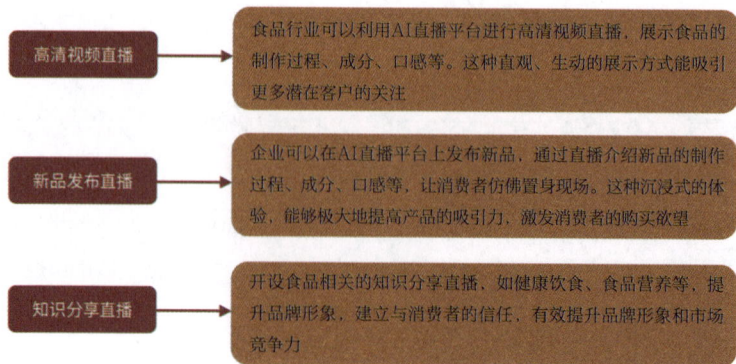

高清视频直播	食品行业可以利用 AI 直播平台进行高清视频直播, 展示食品的制作过程、成分、口感等。这种直观、生动的展示方式能吸引更多潜在客户的关注
新品发布直播	企业可以在 AI 直播平台上发布新品, 通过直播介绍新品的制作过程、成分、口感等, 让消费者仿佛置身现场。这种沉浸式的体验, 能够极大地提高产品的吸引力, 激发消费者的购买欲望
知识分享直播	开设食品相关的知识分享直播, 如健康饮食、食品营养等, 提升品牌形象, 建立与消费者的信任, 有效提升品牌形象和市场竞争力

图 6-8 食品行业的直播营销

3．结合电商与线下体验

在数字化时代，电商平台已经成为人们购物的重要渠道之一，而 AI 直播技术的引入则进一步打破了线上线下的界限，具体表现如图 6-9 所示。

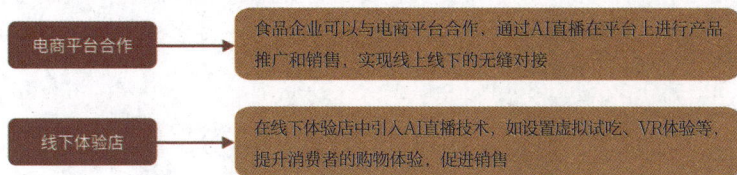

| 电商平台合作 | 食品企业可以与电商平台合作，通过AI直播在平台上进行产品推广和销售，实现线上线下的无缝对接 |
| 线下体验店 | 在线下体验店中引入AI直播技术，如设置虚拟试吃、VR体验等，提升消费者的购物体验，促进销售 |

图 6-9　食品行业的平台与线下体验

AI 直播卖货在食品行业的应用具有广泛的前景和巨大的潜力。随着技术的不断发展和市场的日益成熟，AI 直播在食品行业的应用将更加广泛和深入。

6.3　AI 直播卖货案例

案例一：剪映，制作产品介绍数字人

【效果展示】：AI 数字人能化身虚拟视频博主，向用户细致介绍产品特性，有效激发用户购买意愿。本节将聚焦剪映工具，介绍快速制作产品介绍数字人的实用技巧，效果如图 6-10 所示。

效果展示　　　视频教学

图 6-10　效果展示

使用剪映，制作产品介绍数字人的具体操作方法如下。

01　打开剪映电脑版，进入"首页"界面，单击"开始创作"按钮，如图 6-11 所示。

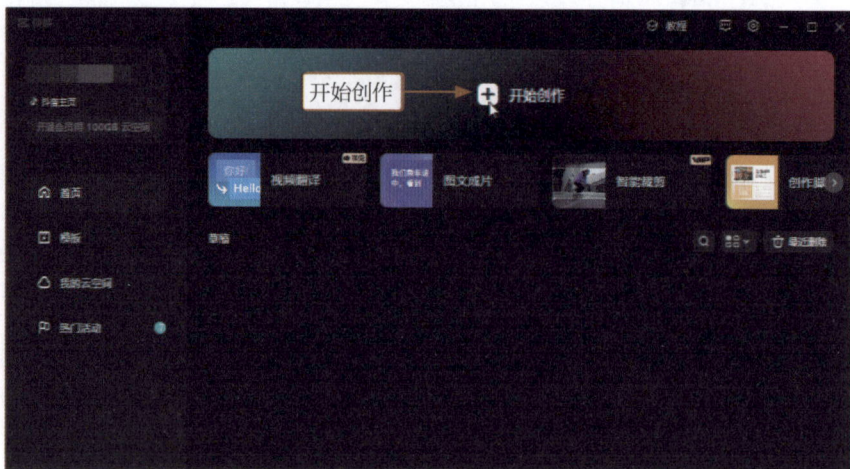

图 6-11　单击"开始创作"按钮

02　执行操作后，即可进入剪映的视频创作界面，切换至"文本"功能区，在"新建文本"选项卡中，单击"默认文本"右下角的"添加到轨道"按钮 ⬤，添加一个默认文本素材。单击"数字人"按钮，进入"数字人"操作区，选择相应的数字人后，单击"添加数字人"按钮，如图 6-12 所示。

图 6-12　单击"添加数字人"按钮

03　执行操作后，即可将所选的数字人添加到视频轨道中，并显示相应的渲染进度，如图 6-13 所示。数字人渲染完成后，选中文本素材，单击"删除"按钮 🗑 将其删除即可。

🔆 **专家提醒**

在"数字人形象"操作区中，切换至"景别"选项卡，可以改变数字人在视频画面中的景别，包括远景、中景、近景和特写 4 种类型。

图 6-13　显示渲染进度

04　选择视频轨道中的数字人素材，切换至"文案"操作区，单击"智能文案"按钮，如图 6-14 所示。

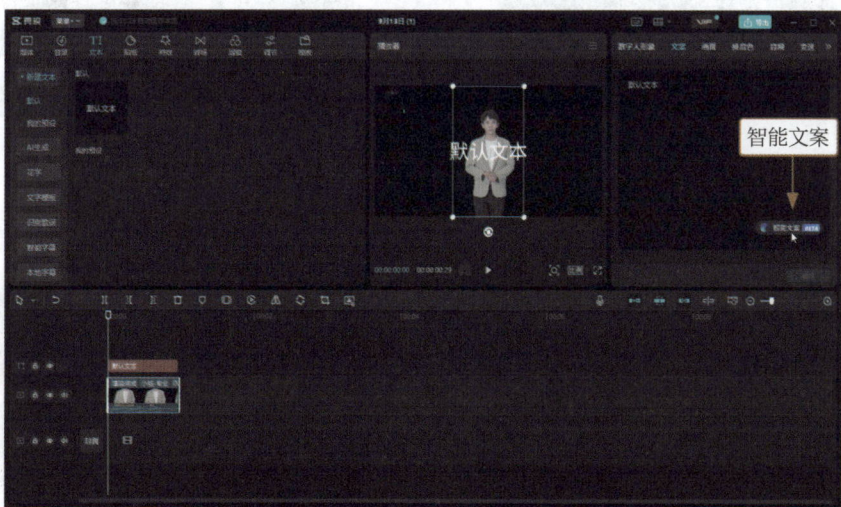

图 6-14　单击"智能文案"按钮

05　执行操作后，弹出"智能文案"对话框，单击"写营销文案"按钮，确定要创作的文案类型，如图 6-15 所示。

06　在文本框中，输入相应的文案要求，如产品名称、产品要求等，如图 6-16 所示。

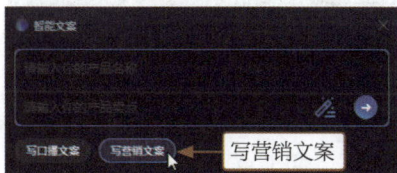

图 6-15　单击"写营销文案"按钮

图 6-16　输入文案要求

☀ **专家提醒**

在"智能文案"对话框中，单击"写口播文案"按钮，输入提示词信息，可一键生成口播文案。

---

07 单击"发送"按钮🔵，剪映可根据用户输入的内容要求，生成对应的文案内容，如图 6-17 所示。

08 单击"下一个"按钮，剪映将重新生成文案内容，如图 6-18 所示。当生成的文案满足用户需求后，单击"确认"按钮即可。

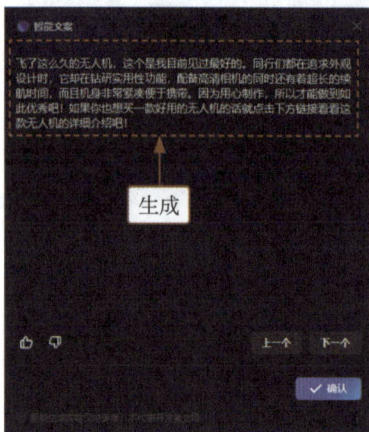

图 6-17　生成文案内容

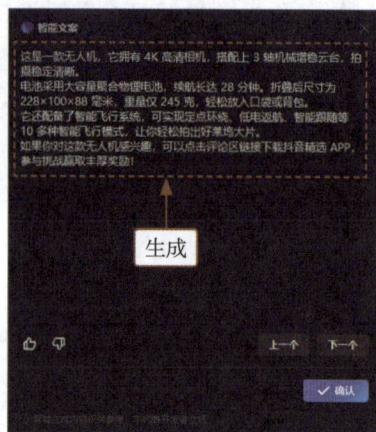

图 6-18　重新生成文案内容

09 执行操作后，即可将智能文案填入"文案"操作区，如图 6-19 所示。

10 对文案内容进行适当删减和修改，单击"确认"按钮，如图 6-20 所示。

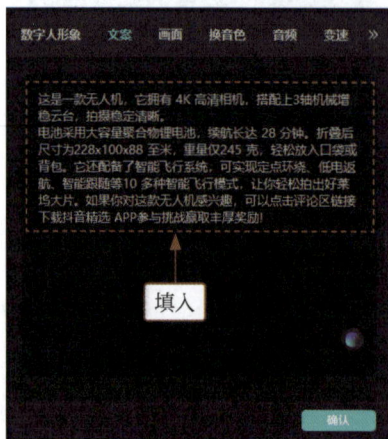

图 6-19　填入"文案"操作区

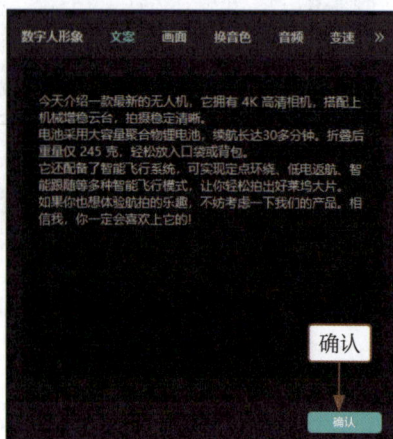

图 6-20　单击"确认"按钮

11 执行操作后，即可自动更新数字人音频，并完成数字人轨道的渲染，如图 6-21 所示。

12 选择视频轨道中的数字人素材，切换至"画面"操作区中的"美颜美体"选项卡，选中"美颜"复选框，剪映将自动选中人物脸部，设置"磨皮"为 20，"美白"为 10，如图 6-22 所示。"磨皮"是为了减少图片的粗糙程度，使皮肤看起来更加光滑；"美白"是为了调整肤色，使皮肤看起来更加白皙。

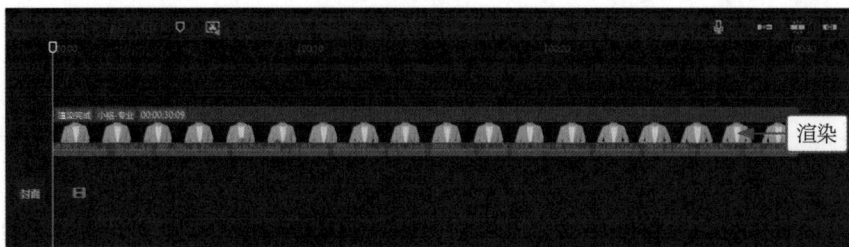

图 6-21　完成数字人轨道的渲染

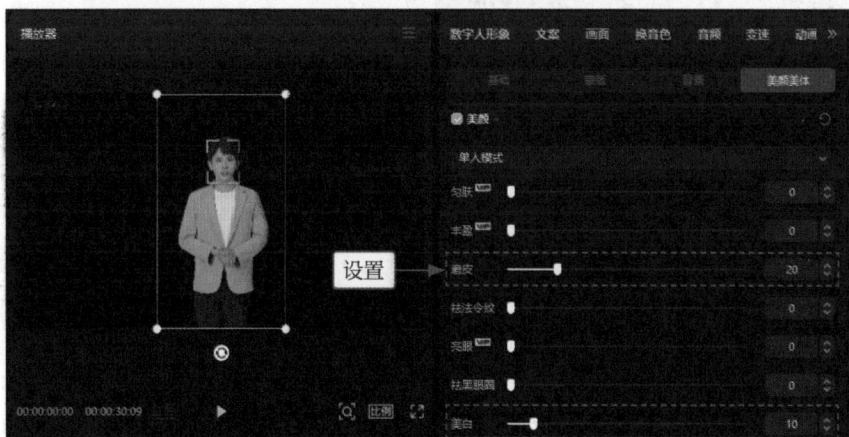

图 6-22　设置"美颜"参数

13　在"美颜美体"选项卡的下方，选中"美体"复选框，设置"瘦身"为 20，调整数字人的身材，如图 6-23 所示。

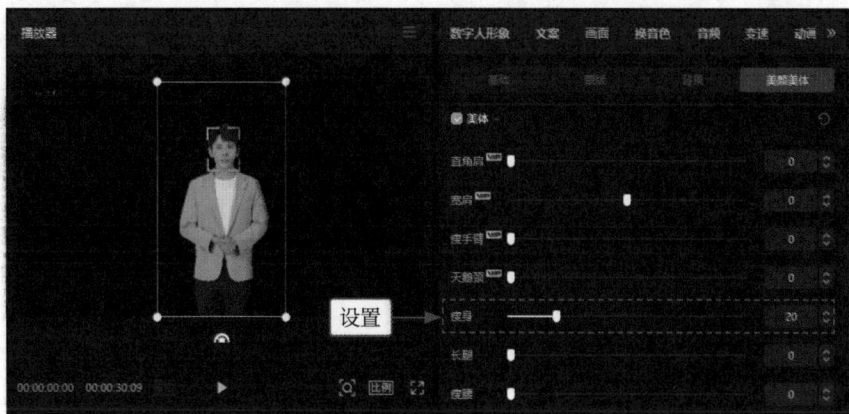

图 6-23　设置"美体"参数

⚝
专家提醒

　　通过剪映的"美颜美体"功能，用户可以轻松调整和改善数字人的形象，包括美化面部、身体塑形和改变身材比例等。这些功能为数字人的制作提供了更多样化的美化和编辑工具，能够让数字人更具吸引力和观赏性。

14 切换至"媒体"功能区，在"本地"选项卡中，单击"导入"按钮，如图 6-24 所示。

15 执行操作后，弹出"请选择媒体资源"对话框，选择背景图片素材，如图 6-25 所示。

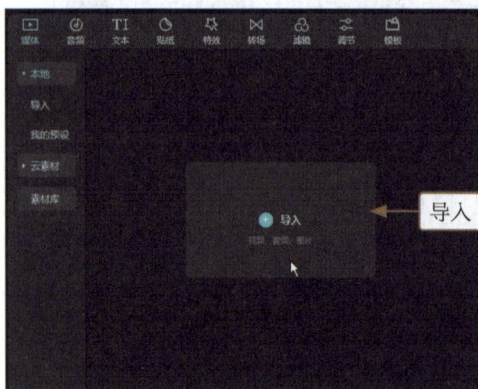

图 6-24　单击"导入"按钮

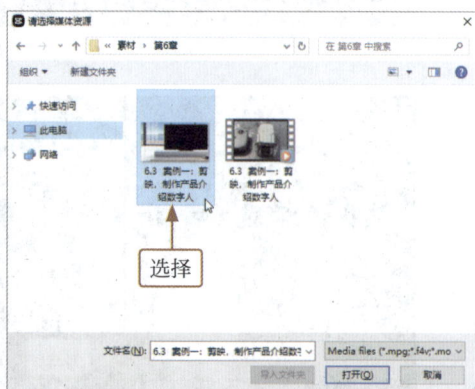

图 6-25　选择背景图片素材

16 单击"打开"按钮，即可将背景图片素材导入"媒体"功能区中，单击背景图片素材右下角的"添加到轨道"按钮🔵，将素材添加到主轨道中。调整背景图片素材的时长，使其与数字人的时长一致，如图 6-26 所示。

图 6-26　调整背景图片素材的时长

17 用同样的方法，在"媒体"功能区中导入一个无人机的视频素材，并将其拖曳至画中画轨道中，如图 6-27 所示。

18 将无人机视频的时长调整到与数字人视频的时长一致，如图 6-28 所示。

19 选择画中画轨道中的无人机视频素材，切换至"画面"操作区的"基础"选项卡，在"位置大小"选项区中设置"缩放"为 64%，"位置 X"为 630，"位置 Y"为 280，适当调整无人机视频在画面中的大小和位置，如图 6-29 所示。

图 6-27　将无人机视频素材拖曳至画中画轨道中

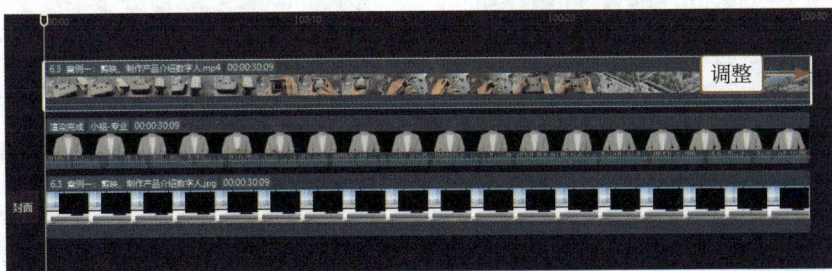

图 6-28　调整无人机素材的时长

图 6-29　调整无人机视频在画面中的大小和位置

20 选择数字人素材，设置"位置 X"为 -1265，"位置 Y"为 0，适当调整数字人在画面中的位置，如图 6-30 所示。

21 切换至"文本"功能区，单击"智能字幕"按钮，如图 6-31 所示。

22 执行操作后，切换至"智能字幕"选项卡，单击"识别字幕"选项区中的"开始识别"按钮，如图 6-32 所示。

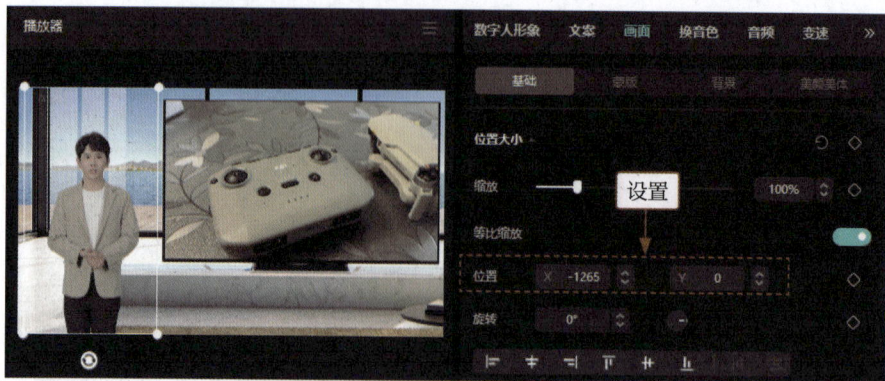

图6-30 调整数字人在画面中的位置

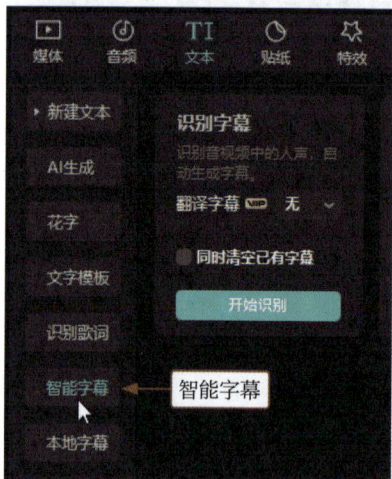

图6-31 单击"智能字幕"按钮

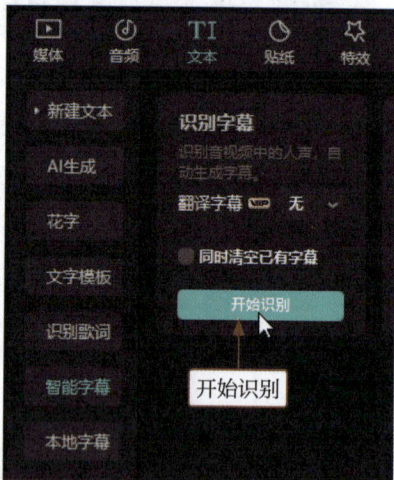

图6-32 单击"开始识别"按钮

23 执行操作后，即可自动识别数字人中的文案，并生成字幕，适当调整字幕在画面中的位置，如图6-33所示。

24 切换至"文本"操作区中的"花字"选项卡，选择一个花字样式，即可改变字幕效果，如图6-34所示。

25 切换至"动画"操作区中的"入场"选项卡，选择"打字机Ⅱ"选项，并将"动画时长"调整为最长，给字幕添加入场动画效果，如图6-35所示。

26 在"文本"功能区中，切换至"文字模板"|"片头标题"选项卡，选择一个合适的片头标题模板，单击"添加到轨道"按钮➕，将其添加到轨道中，并适当修改文本内容，如图6-36所示。

27 在"贴纸"功能区中，切换至"界面元素"选项卡，选择相应的录制标签贴纸，单击"添加到轨道"按钮➕，将其添加到轨道中，调整贴纸时长与主轨道一致，并在"播放器"窗口中适当调整贴纸的位置和大小，如图6-37所示。

图 6-33　调整字幕在画面中的位置

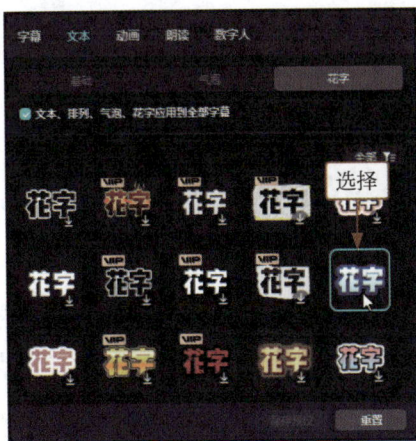

图 6-34　选择花字样式

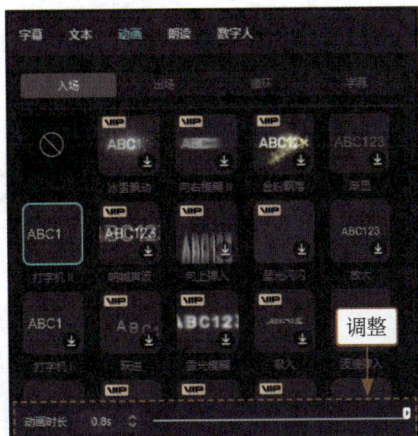

图 6-35　给字幕添加入场动画效果

图 6-36　添加片头标题模板并修改文本内容

图 6-37　调整贴纸

28 给视频添加一个合适的背景音乐，即可完成数字人视频的制作。

案例二：腾讯智影，制作电商直播数字人

【效果展示】：制作电商直播数字人的视频，可以通过腾讯智影平台轻松完成。选择一个合适的数字人模板并调整其形象，利用文本驱动功能让数字人介绍商品。根据视频内容替换背景，以增强视觉效果。更改文字，确保它们与视频内容和风格相匹配。一个吸引观众的电商带货视频就完成了，效果如图 6-38 所示。

效果展示　　视频教学

图 6-38　效果展示

使用腾讯智影，制作电商直播数字人的具体操作方法如下。

01 进入腾讯智影的"创作空间"页面，单击"数字人播报"选项区中的"去创作"按钮，如图 6-39 所示。

图 6-39　单击"去创作"按钮

02 执行操作后，进入相应页面，展开"模板"面板，切换至"竖版"选项卡，如图 6-40 所示。

03 选择一个电商类的数字人模板，单击预览图，弹出"夏季限定饮品"对话框，单击"应用"按钮，如图 6-41 所示。

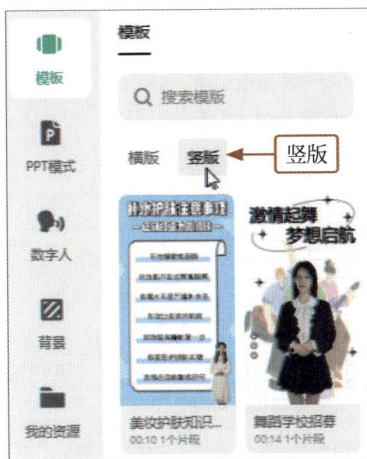

图 6-40　切换至"竖版"选项卡

图 6-41　选择并应用数字人模板

04 执行操作后，即可添加视频模板，如图 6-42 所示。

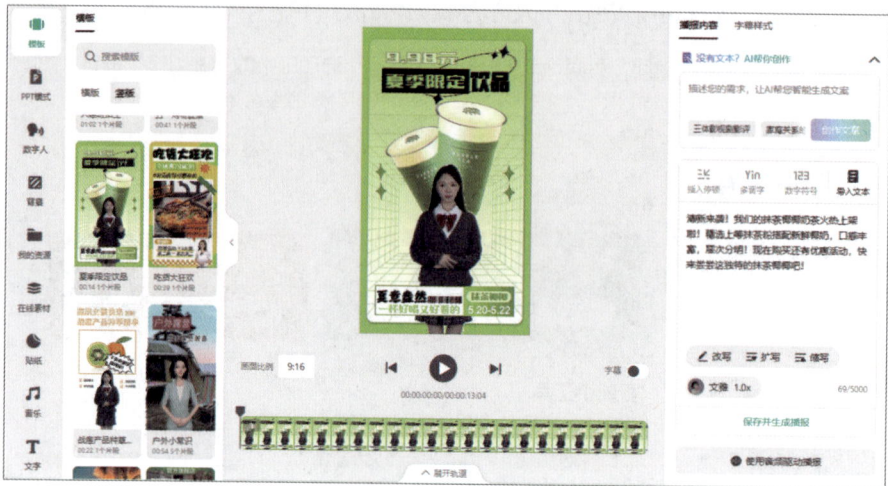

图 6-42　添加视频模板

💡 **专家提醒**

　　腾讯智影提供了丰富的数字人形象供用户选择，并将持续更新。2D 数字人中可以选择"依丹""蓓瑾"等进行动作设置，3D 数字人中可以选择"智能动作"形象，根据文案内容智能插入匹配动作。

05　展开"数字人"面板，在"预置形象"选项卡中，选择"冰璇"数字人形象，如图 6-43 所示。

06　在数字人的编辑区中，切换至"画面"选项卡，如图 6-44 所示。

图 6-43　选择数字人形象

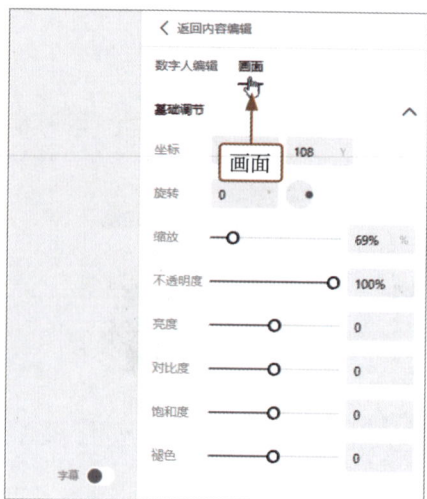

图 6-44　切换至"画面"选项卡

07　调整数字人的位置和大小，设置"X 坐标"为 –102，"Y 坐标"为 95，"缩放"为 73%，如图 6-45 所示，给商品视频留出更多的空间，让数字人看起来更符合观众的审美观。

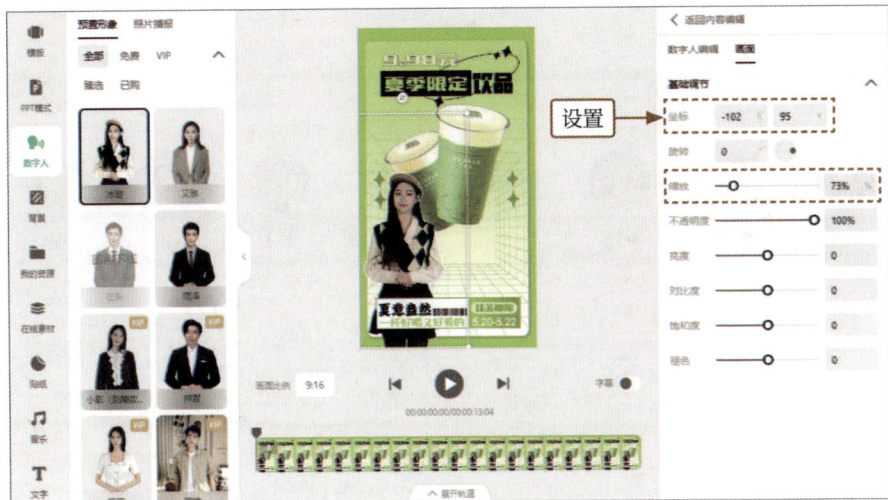

图 6-45　设置数字人的相应参数

08 在编辑区中清空模板中的文字内容，单击"导入文本"按钮，导入整理好的文本内容，如图 6-46 所示。

09 执行操作后，将鼠标光标定位到文中的相应位置，插入多个 0.5 秒的停顿标记，效果如图 6-47 所示。

图 6-46　导入文本内容

图 6-47　插入多个 0.5 秒的停顿标记

10 在"播报内容"选项卡底部，单击 按钮，选择 1.0x 为模板中默认的数字人音色和读速。在弹出的"选择音色"对话框中，筛选合适的音色，如在"广告营销"音色选项卡中选择"星小媛"音色，如图 6-48 所示。

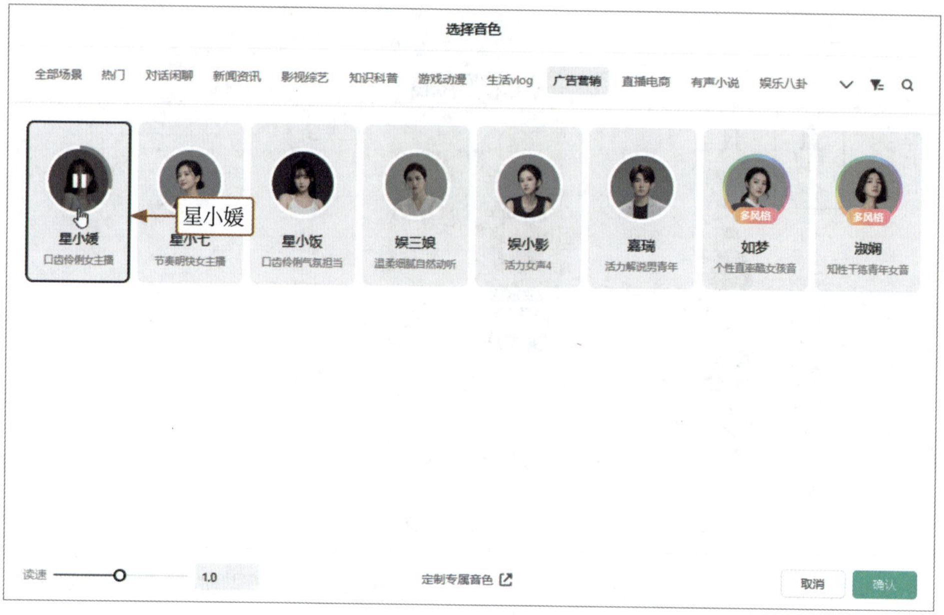

图 6-48　选择音色

11　执行操作后，设置"读速"为 0.9，单击"确认"按钮，如图 6-49 所示，适当降低播报内容的播放速度。

图 6-49　调整播放速度

12　执行操作后，即可修改数字人的音色，单击"保存并生成播报"按钮，如图 6-50 所示，即可根据文字内容生成相应的语音播报，同时数字人的播报时长也会根据文本配音的时长改变。

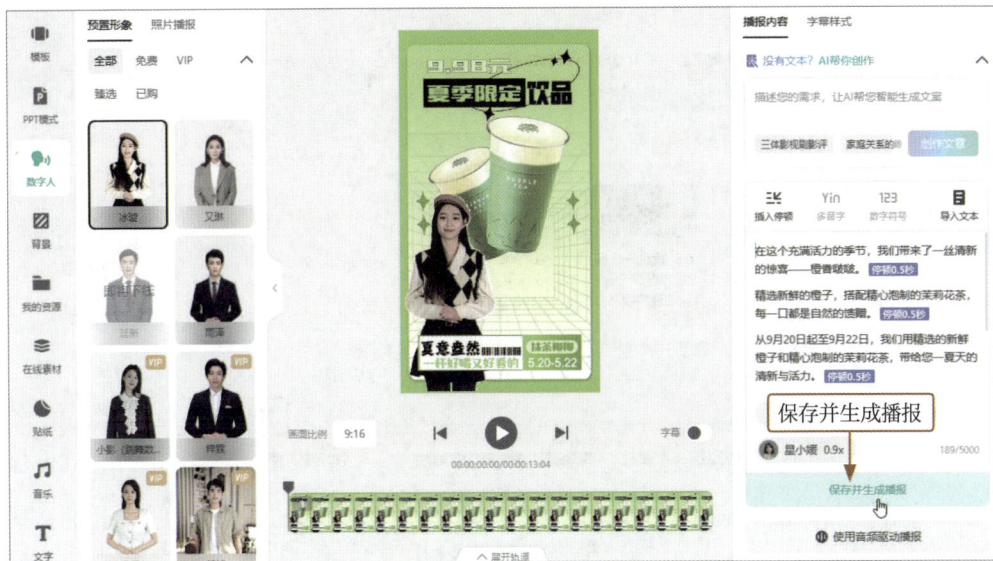

图 6-50　根据文字内容生成语音播报

13　在工具栏中，单击"背景"按钮，如图 6-51 所示，展开"背景"面板。

14　切换至"自定义"选项卡，单击"本地上传"按钮，如图 6-52 所示，即可上传自己喜欢的背景图片。

图 6-51　单击"背景"按钮

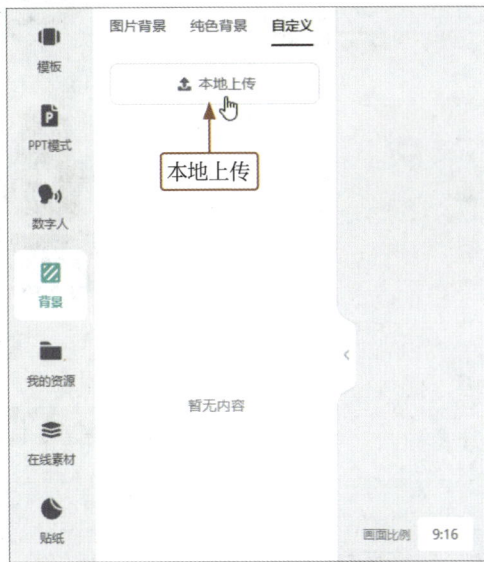

图 6-52　单击"本地上传"按钮

15　弹出"打开"对话框，选择相应素材，单击"打开"按钮，如图 6-53 所示，即可将选择的背景素材导入"本地上传"面板中。

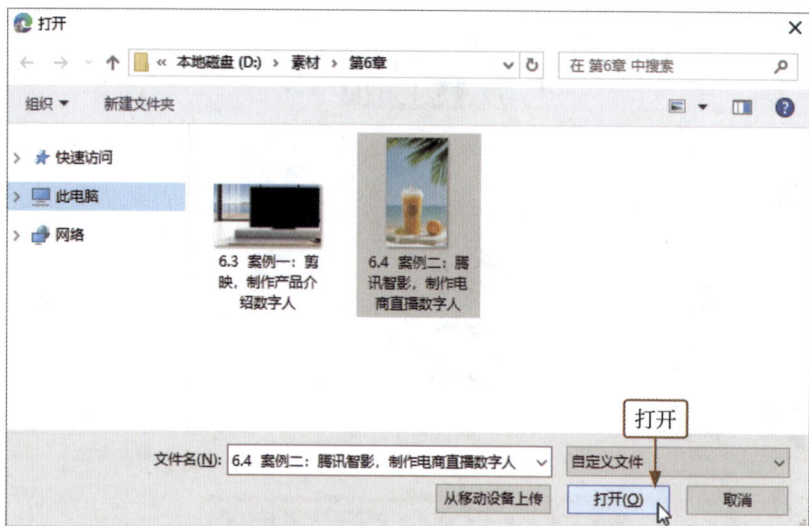

图 6-53　导入背景素材

16 选择导入的背景素材，即可替换数字人的背景素材，如图 6-54 所示。

图 6-54　选择背景素材

17 选中画面中多余的奶茶标识，单击鼠标右键，在弹出的快捷菜单中选择"删除"选项，如图 6-55 所示，即可删除不需要的画面标识。

18 在预览区中选择相应的文本，在编辑区的"样式编辑"选项卡中，设置字体样式，如图 6-56 所示。

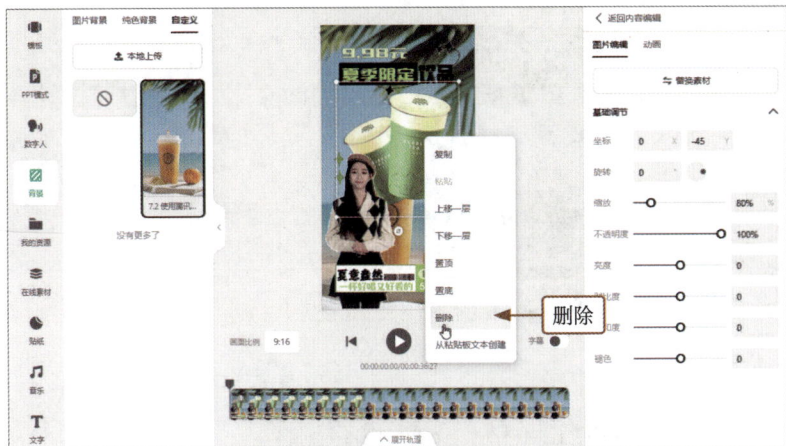

图 6-55 删除不需要的画面标识

图 6-56 设置字体样式

专家提醒

调整时，应确保字体的大小不会造成阅读困难，保持适当的行间距和字间距，提高阅读舒适度。

19 在"基础调节"选项区中，设置"X 坐标"为 -66，"Y 坐标"为 -257，"缩放"为 74%，如图 6-57 所示，即可调整文字样式和字体大小。

20 选择"夏季限定"文本，用同样的方法设置字体，并设置"X 坐标"为 -79，"Y 坐标"为 -186，如图 6-58 所示，对文字的内容、字体和位置进行调整。

21 选择相应贴纸，在"图片编辑"选项卡中，设置"X 坐标"为 -80，"Y 坐标"为 -192，如图 6-59 所示，即可调整贴纸的位置和大小。

图 6-57　设置"坐标"和"缩放"参数

图 6-58　设置文字参数

图 6-59　设置贴纸参数

22 用同样的操作方法，选择"饮品"文本，设置相应的字体，并设置"X 坐标"为 90，"Y 坐标"为 –186，如图 6-60 所示，调整文本的位置。

23 选择相应贴纸，在"图片编辑"选项卡中，设置"X 坐标"为 –1，"Y 坐标"为 –191，如图 6-61 所示，即可调整贴纸的位置和大小。

图 6-60　调整文本位置

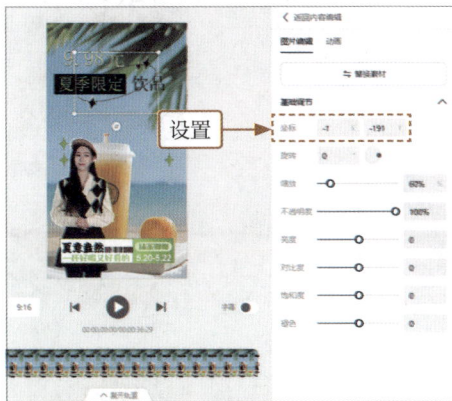

图 6-61　调整贴纸

24 选中相应贴纸，单击鼠标右键，弹出快捷菜单，选择"删除"选项，如图 6-62 所示，即可将其删除。

25 选择相应文字，设置相应字体，并设置"X 坐标"为 –66，"Y 坐标"为 270，如图 6-63 所示，即可调整位置。

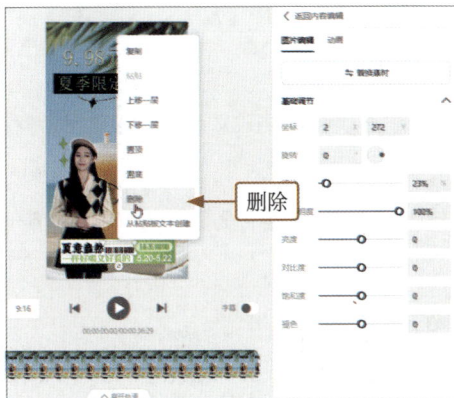

图 6-62　删除贴纸

图 6-63　设置字体及位置

26 用同样的操作方法，选择需要更改的文字，在"样式编辑"选项卡中，更改文字内容并设置字体，如图 6-64 所示。

27 设置"X 坐标"为 –60、"Y 坐标"为 300、"缩放"为 37%，如图 6-65 所示，即可调整文字的位置和大小。

图 6-64　更改文字内容并设置字体

图 6-65　调整文字的位置和大小

28　用同样的操作方法，选择需要更改的文字，在"样式编辑"选项卡中，更改文字内容，设置相应字体，如图 6-66 所示。

29　选择另一个需要更改的文字，在"样式编辑"选项卡中，更改文字内容，设置相应字体，如图 6-67 所示。

图 6-66　设置第二处文字字体

图 6-67　设置第三处文字字体

30 单击页面右上角的"合成视频"按钮，如图 6-68 所示。

图 6-68 单击"合成视频"按钮

31 执行操作后，弹出"合成设置"对话框，输入相应的名称，单击"确定"按钮，如图 6-69 所示。

32 弹出"功能消耗提示"对话框，单击"确定"按钮，如图 6-70 所示。

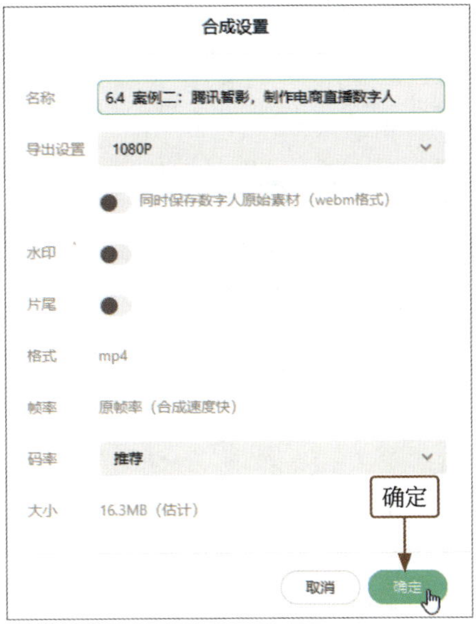

图 6-69 输入名称

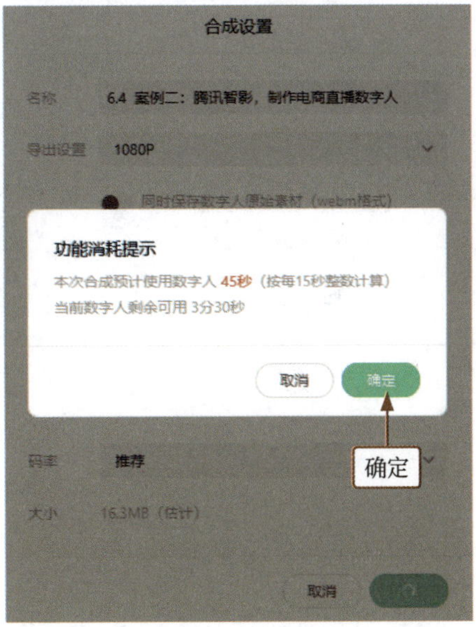

图 6-70 确定功能消耗

33 执行操作后，进入"我的资源"页面，显示数字人视频的合成进度，如图 6-71 所示。稍等片刻，数字人视频即可合成完毕。

34 在合成后的视频预览图上，单击下载按钮⬇，如图 6-72 所示，即可保存数字人视频。至此，完成电商直播数字人的制作。

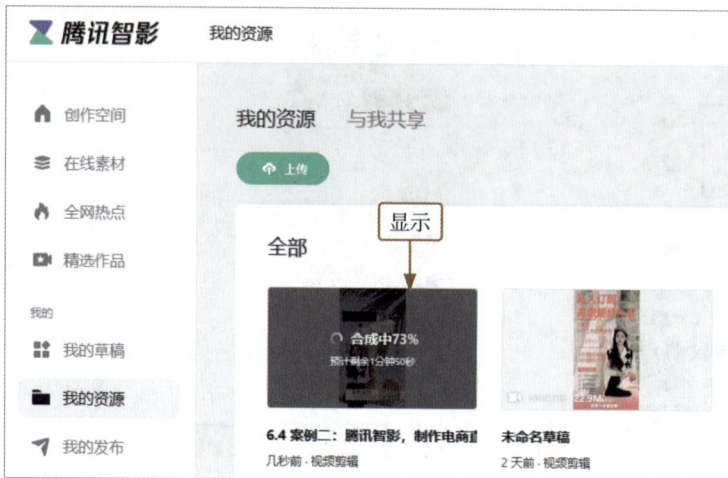

图 6-71　显示视频合成进度

图 6-72　单击下载按钮

第 7 章

AI 视频营销

　　AI 视频营销可精准剖析用户偏好与行为数据，自动化生成并个性化定制视频内容，达成高效内容分发与智能互动，进而提升营销效率与转化率，打造沉浸式、个性化的用户体验。本章将讲解 AI 视频营销基础知识与生成技巧，助力用户深入理解该领域。

7.1 AI 视频营销的概述与原理

伴随人工智能技术的迅猛发展，AI 已全面融入营销的各环节。视频营销作为数字化时代直观且极具吸引力的传播手段，与 AI 技术深度融合，开创了营销新格局。本节将详细阐述 AI 视频营销的技术概念与原理，助力用户快速掌握相关知识。

7.1.1 AI视频营销的技术概念

AI 视频营销的技术概念涉及多个方面，其核心在于利用人工智能技术辅助视频的广告植入、投放和监测等过程，以实现更加友好和高效的营销效果。以下是对 AI 视频营销技术概念的详细解析。

视频教学

1．技术基础

AI 视频营销依赖多种人工智能技术，包括但不限于计算机视觉、自然语言处理、大数据分析、机器学习等。这些技术为视频内容的智能分析、广告的智能匹配与投放，以及用户行为的精准预测提供了强有力的支持。

2．应用场景

AI 视频营销从基础的智能广告植入出发，逐步迈向更精细化的操作领域，旨在通过精准投放技术，实现更好的营销效果。这一过程不仅体现了技术的深度应用，更彰显了 AI 在提升用户体验与营销效率方面的独特魅力。

（1）智能广告植入。利用计算机视觉技术识别视频中的物品、人脸、场景等关键元素，结合自然语言处理技术分析视频台词和语境，进而在合适的场景下智能植入广告。这种广告植入方式不仅符合视频内容情境，还能提升用户体验，减少用户对广告的抵触情绪。

（2）精准投放。通过大数据分析用户观看行为和偏好，AI 算法能够精准匹配广告内容与用户兴趣，实现广告的个性化投放。这不仅可以提高广告的点击率和转化率，还能降低广告投放的盲目性，提高营销效率。

(3) 实时监测与优化。AI 技术能够实时监测广告投放效果，包括曝光量、点击率、转化率等关键指标。基于这些数据，AI 算法可以自动调整投放策略，优化广告内容和展示方式，以确保营销效果的最大化。

3. 技术形态

AI 视频营销涵盖多种技术形态，其运用需获取内容方授权，且在视频拍摄与制作阶段，需和广告主、内容方保持密切沟通。此类视频内容无须调整，仅需获得视频平台授权，便能开展大规模投放。

4. 未来趋势

随着 AI 技术的不断发展和成熟，AI 视频营销将呈现以下几个趋势。

(1) 个性化与精准化。AI 技术将使广告的个性化与精准化成为可能，针对每个用户的兴趣和偏好生成定制化的广告内容，提高广告的吸引力和转化率。

(2) 内容创新。AIGC(artificial intelligence generated content，人工智能生成内容)技术的爆发，将极大地丰富营销手段和创意表达，推动视频内容的创新和发展。

(3) 全链路智能化。AI 将渗透到营销的每一个环节，从市场调研、策略制定、内容创作、智能投放、用户运营到复盘优化，形成闭环的智能营销生态系统。

(4) 技术融合。未来 AI 视频营销将更加注重技术的融合与创新，如将 VR 虚拟现实、AR 增强现实等技术与 AI 技术相结合，为用户带来更加沉浸式和互动式的广告体验。

7.1.2　AI视频营销的技术原理

AI 视频营销的技术原理，主要基于人工智能技术的深度应用，特别是计算机视觉、自然语言处理、大数据分析，以及机器学习等核心技术的综合运用。下面对 AI 视频营销技术原理进行详细的阐述。

视频教学

1.视频内容智能分析

AI视频营销的技术原理，从对视频内容的深入理解开始，这离不开计算机视觉和自然语言处理两大关键技术的支持，如图7-1所示。

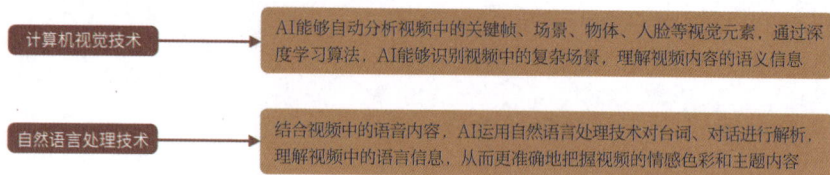

图7-1　AI视频营销的关键技术

2.广告智能匹配与投放

在深入理解视频内容的基础上，AI进一步发挥优势，通过大数据分析和机器学习算法，实现了广告的智能匹配与精准投放，如图7-2所示。

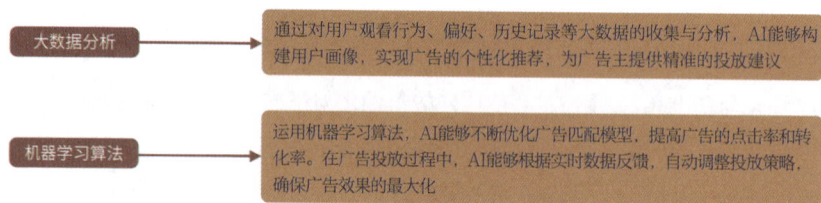

图7-2　广告智能匹配与投放的技术解析

3.实时监测与优化

为了确保广告效果的持续优化，AI视频营销技术还融入实时监测与优化功能，这是广告投放周期中不可或缺的环节。

（1）实时监测。AI技术能够实时监测广告投放的各个环节，包括曝光量、点击率、转化率等关键指标。通过实时监控，广告主可以及时了解广告效果，为后续的投放策略调整提供依据。

（2）智能优化。基于实时监测的数据，AI算法能够自动分析广告效果的影响因素，如投放时间、投放位置、广告内容等。通过智能优化算法，AI能够自动调整投放策略，优化广告内容和展示方式，确保广告效果的持续提升。

7.2　AI 视频内容的优质生成技巧

深入剖析 AI 视频营销，可以发现从文字到视频的转变，并非单纯的形式更迭，而是情感与故事感染力的质变。本节将探讨 AI 视频内容的生成技巧，助力用户创作出优质的电商营销视频作品。

7.2.1　设置视觉细节生成视频

【效果展示】：在 AI 视频生成的过程中，提示词是引导 AI 理解和创作视频内容的关键。精心构建的提示词至关重要，它们能够为 AI 提供丰富的信息，帮助其精确捕捉并重现用户心中的场景、人物或物体。通过这些详细的视觉细节提示词，AI 能够生成符合用户期望的视频内容，效果如图 7-3 所示。

效果展示　　视频教学

图 7-3　效果展示

在即梦 AI 中，通过描述视觉细节来生成视频的操作方法如下。

01　进入"视频生成"页面，切换至"文本生视频"选项卡，输入相应的提示词，用于指导 AI 生成特定的视频，如图 7-4 所示。

02　在页面下方设置"运动速度"为"适中"，"生成时长"为 3s，"视频比例"为 16∶9，指导 AI 生成视频的速度、时长和比例，如图 7-5 所示。

03　单击"生成视频"按钮，即可开始生成视频，并显示生成进度，如图 7-6 所示。

04　稍等片刻，即可生成相应的视频效果，如图 7-7 所示。同时，可以单击视频上方的"详细信息"按钮，查看该视频的相关参数。

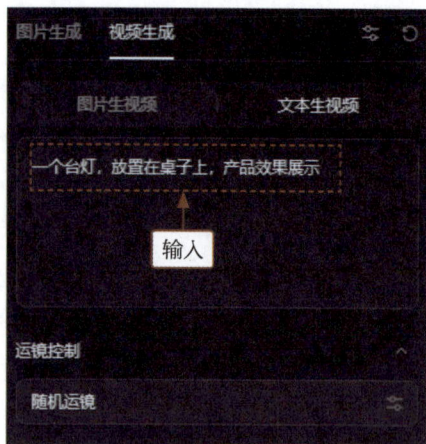

图 7-4 输入提示词

图 7-5 设置视频参数

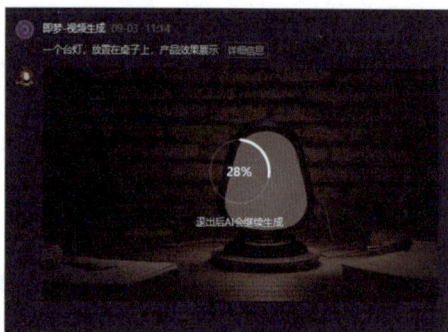

图 7-6 显示生成进度

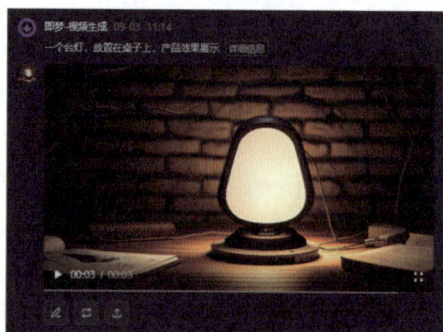

图 7-7 生成视频效果

7.2.2 替换素材提升视频效果

【效果展示】：生成视频后，如果用户对 AI 生成的视频效果不满意，可以手动进行替换，以此来提升视频的画面效果，如图 7-8 所示。

效果展示　　视频教学

图 7-8 效果展示

在腾讯智影中，通过替换素材提升视频效果的操作方法如下。

01 进入腾讯智影的"创作空间"页面，单击"文章转视频"按钮，如图 7-9 所示，进入"文章转视频"页面。

图 7-9　单击"文章转视频"按钮

02 在文字窗口中输入提示词，设置"视频比例"为"横屏"，其他设置保持不变，单击"生成视频"按钮，如图 7-10 所示，即可开始生成视频。

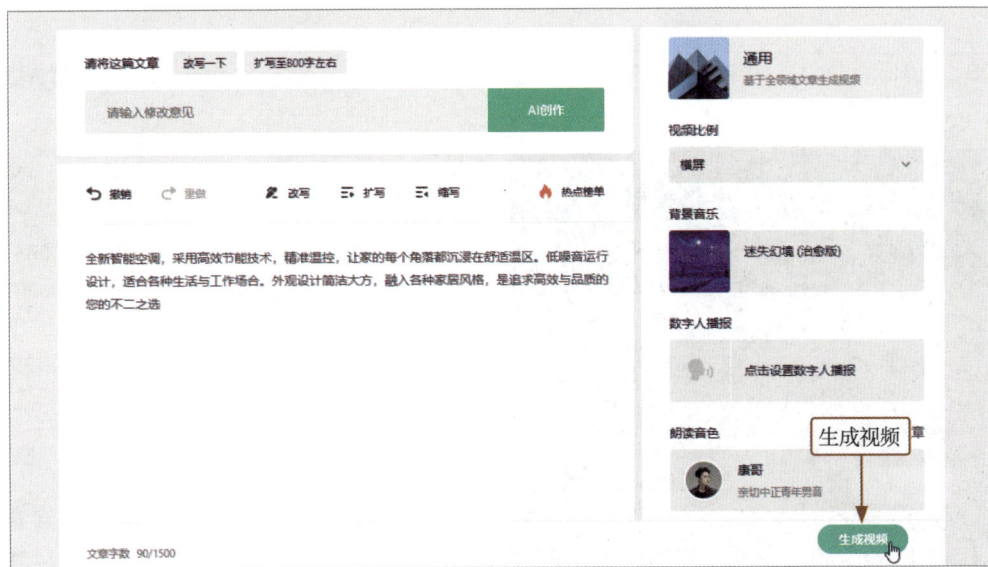

图 7-10　设置并生成视频

03 稍等片刻，即可进入视频编辑页面，查看生成的视频效果，如图 7-11 所示。可以看到，生成的视频效果不符合文字描述，只能算一个图片的雏形，用户还需要对视频进行优化。

图 7-11　查看视频效果

04 在视频编辑页面中，切换至"我的资源"|"我的资源"选项卡，单击"本地上传"按钮，如图 7-12 所示。

05 在弹出的"打开"对话框中，选择素材，单击"打开"按钮，如图 7-13 所示，即可将所有素材上传到"我的资源"选项卡中。

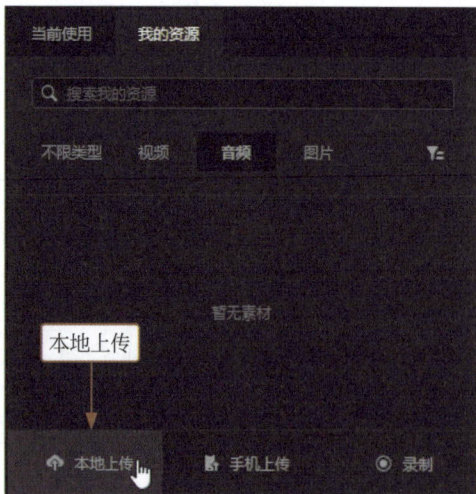

图 7-12　单击"本地上传"按钮

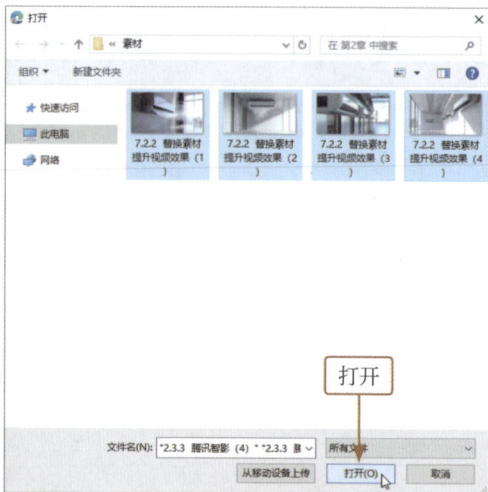

图 7-13　上传素材

06 单击第 1 段素材上的"替换素材"按钮，在"我的资源"选项卡中，选择要替换的素材，弹出"替换素材"面板，单击"替换"按钮，如图 7-14 所示，即可完成第 1 段素材的替换。

图 7-14　替换素材

07　用同样的方法，替换剩下的素材，然后单击页面上方的"合成"按钮，如图 7-15 所示。

图 7-15　单击"合成"按钮

08　执行操作后，弹出"合成设置"对话框，输入视频的名称，单击"合成"按钮，如图 7-16 所示。

图 7-16　合成视频

09 执行操作后，进入"我的资源"页面，单击保存按钮 ⬇，如图 7-17 所示，即可保存视频。

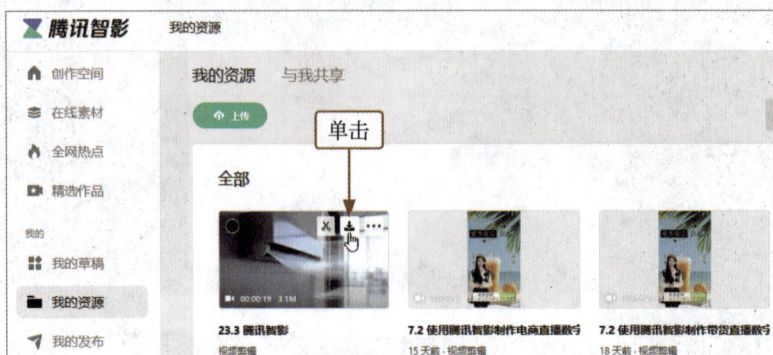

图 7-17　保存视频

7.2.3　单图快速生成电商视频

【**效果展示**】：用户可以上传各类图片，AI 模型会根据图片生成动态效果，视频风格与原始图片一致，确保视觉上的连贯性，效果如图 7-18 所示。

效果展示　　视频教学

图 7-18　效果展示

下面介绍在即梦 AI 中上传图片生成视频效果的操作方法。

01 进入"视频生成"页面，在"图片生视频"选项卡中，单击"上传图片"按钮，如图 7-19 所示。

02 执行操作后，弹出"打开"对话框，选择图片素材，单击"打开"按钮，如图 7-20 所示。

03 执行操作后，即可将所选的图片素材上传至"图片生视频"选项卡中，如图 7-21 所示。

04 单击"运镜控制"下方的"随机运镜"按钮，在弹出的面板中，选择"推近"变焦选项 🔍，单击"应用"按钮，如图 7-22 所示，使视频画面慢慢放大。

05 单击"生成视频"按钮，AI 开始解析图片内容，并根据图片内容生成动态效果，页面右侧显示了视频生成进度，待视频生成完成后，显示视频的画面效果，如图 7-23 所示。将鼠标移至视频画面上，即可自动播放 AI 视频效果。

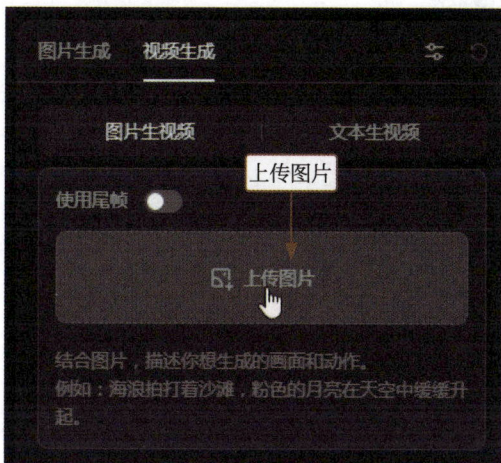

图 7-19　单击"上传图片"按钮

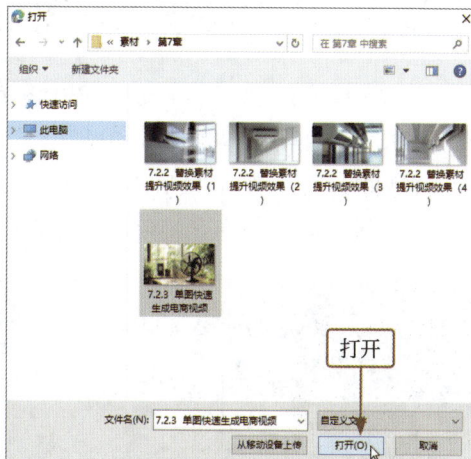

图 7-20　单击"打开"按钮

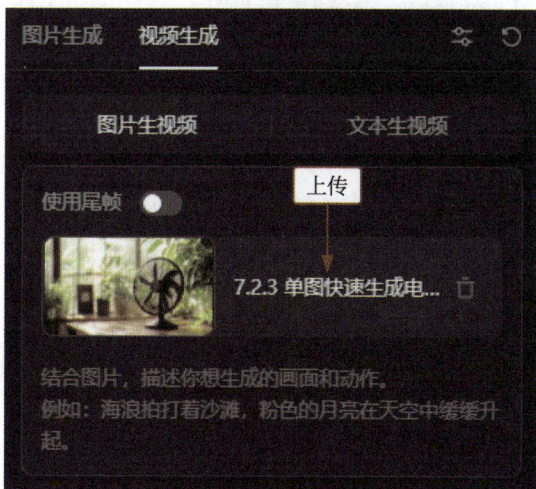

图 7-21　上传图片素材

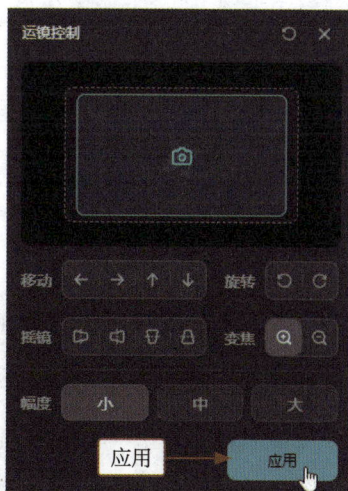

图 7-22　设置运镜方式

图 7-23　显示视频的画面效果

7.2.4 添加尾帧进行图生视频

【效果展示】： 使用首帧与尾帧生成视频是一种基于关键帧的动画技术，通常用于动画制作和视频生成。这种方法允许用户定义视频的起始状态（首帧）和结束状态（尾帧），然后 AI 会在这两个关键帧之间自动生成中间帧，从而创造出流畅的视频效果，如图 7-24 所示。

效果展示　　视频教学

图 7-24　效果展示

下面介绍在即梦 AI 中添加尾帧进行图生视频的操作方法。

01　进入"视频生成"页面，在"图片生视频"选项卡中，开启"使用尾帧"功能，如图 7-25 所示。

02　单击"上传首帧图片"按钮，弹出"打开"对话框，在其中选择首帧图片素材，单击"打开"按钮，如图 7-26 所示。

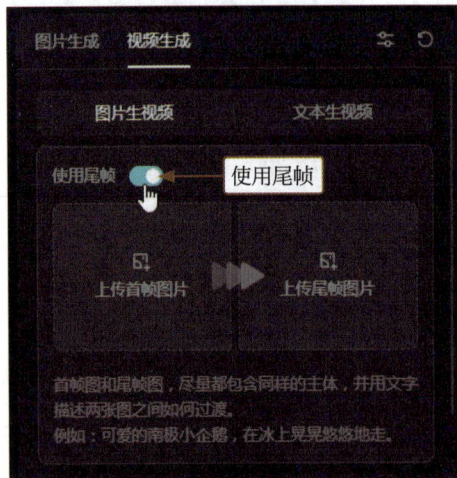

图 7-25　开启"使用尾帧"功能

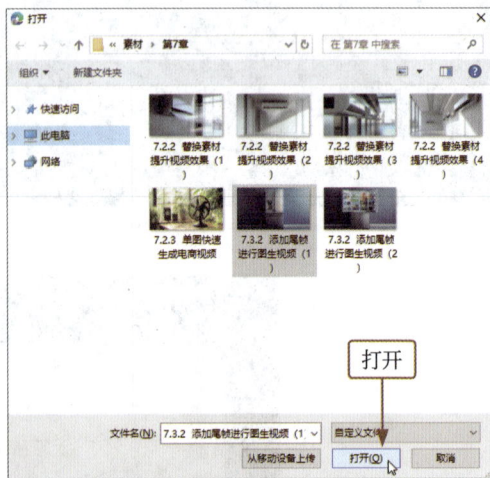

图 7-26　选择首帧图片素材

03　执行操作后，即可上传首帧图片素材，如图 7-27 所示。

04　单击"上传尾帧图片"按钮，弹出"打开"对话框，在其中选择尾帧图片素材，单击"打开"按钮，如图 7-28 所示。

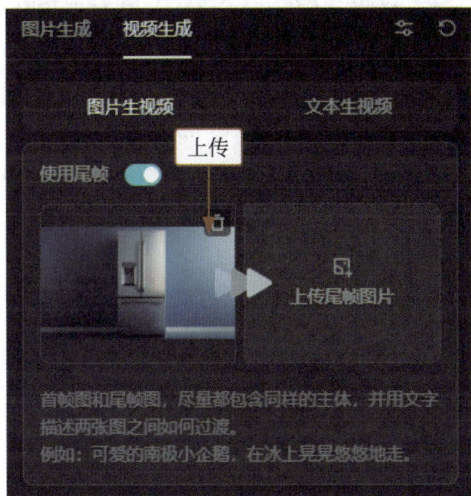

图 7-27 上传首帧图片素材

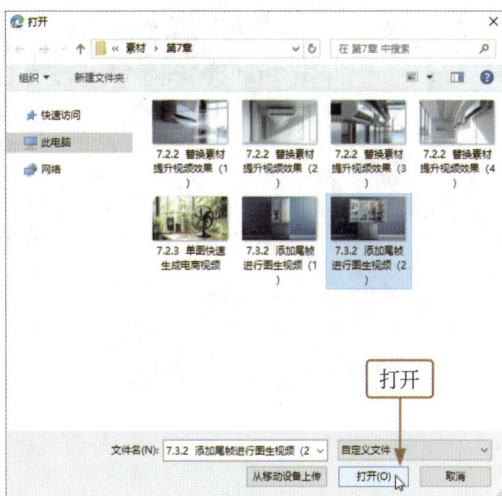

图 7-28 选择尾帧图片素材

05 执行操作后，即可上传尾帧图片素材，如图 7-29 所示。

06 设置"生成时长"为 6s，单击"生成视频"按钮，如图 7-30 所示。

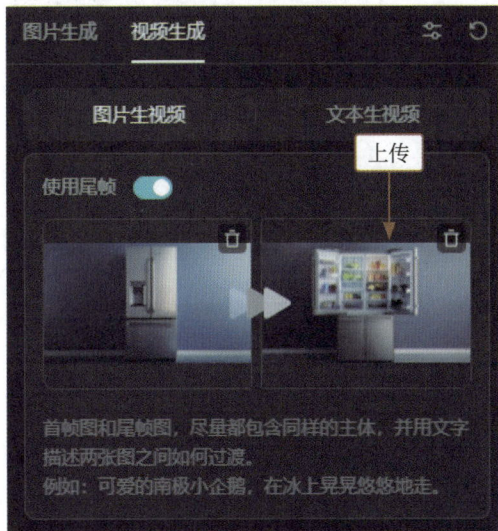

图 7-29 上传尾帧图片素材

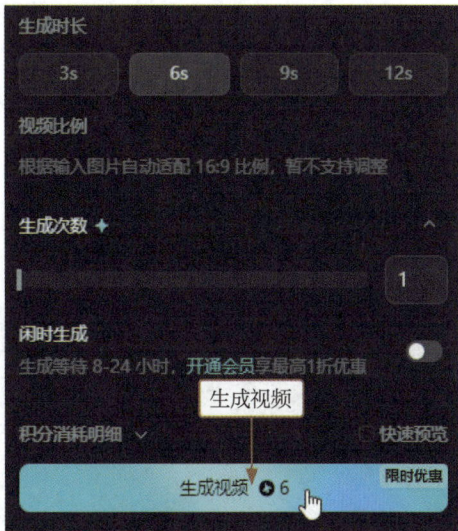

图 7-30 单击"生成视频"按钮

专家提醒

增加视频的生成时长，可以使视频效果更加平滑，避免出现类似抽帧的情况。

07 执行操作后，即梦 AI 即可根据首帧与尾帧生成相应的视频效果，如图 7-31 所示。

08 单击对应视频画面右上角的 ⬇ 按钮，如图 7-32 所示，即可将视频保存下载。

图 7-31　生成的视频效果

图 7-32　保存下载视频

7.3　AI 视频营销案例

案例一：即梦 AI，制作产品营销视频

效果展示　　视频教学

【效果展示】：产品营销视频是一种利用视频媒介，进行产品推广和销售的营销手段。它通过精心策划、制作和发布的视频内容，向目标消费者展示产品的特点、优势、使用方法等，以达到吸引消费者关注、提升品牌形象、促进产品销售的目的，效果如图 7-33 所示。

图 7-33　效果展示

下面介绍使用即梦 AI 生成产品营销短视频的操作方法。

01　进入"视频生成"页面，切换至"文本生视频"选项卡，输入提示词，如图 7-34 所示。

02　单击"运镜控制"下方的"随机运镜"按钮，在弹出的面板中，设置"推近"变焦，并设置"幅度"为"小"，单击"应用"按钮，如图 7-35 所示，设置视频的运镜方式。

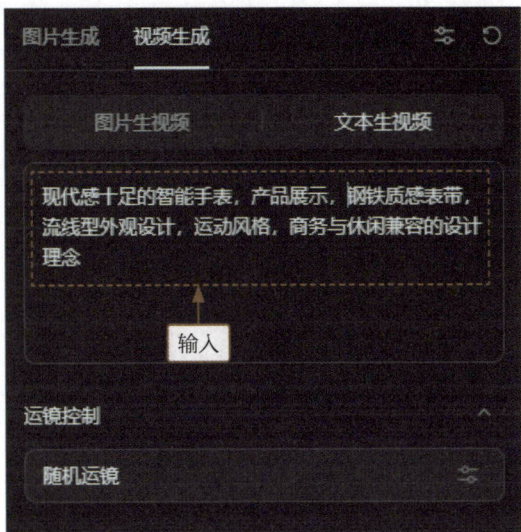

图 7-34　输入提示词

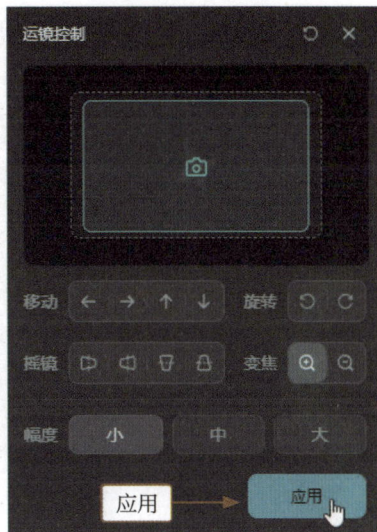

图 7-35　设置视频的运镜方式

03　根据自身需求设置视频的运动速度和比例，如设置"运动速度"为"适中"，"视频比例"为 16：9，如图 7-36 所示，即可完成短视频生成信息的设置。

04　单击"生成视频"按钮，系统会根据设置的信息生成短视频，并显示视频的生成进度，如图 7-37 所示。

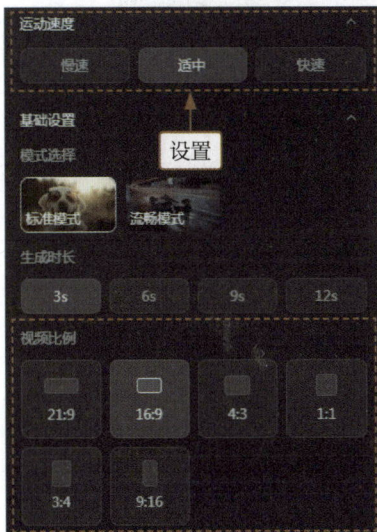

图 7-36　设置视频参数

图 7-37　显示视频的生成进度

05　稍等片刻，即可成功生成视频效果，用户可以单击对应视频封面右上角的 按钮，如图 7-38 所示，对视频进行下载。

图 7-38　下载视频

06 打开剪映，将下载好的视频添加到视频轨道中，在"音频"功能区的"音乐素材"选项卡中，选择一首合适的音乐，单击"添加到轨道"按钮，如图 7-39 所示，即可为视频添加背景音乐。

图 7-39　为视频添加背景音乐

案例二：剪映，制作产品宣传视频

【效果展示】：产品宣传视频是通过视觉与听觉结合的方式，展示产品的特点、功能、优势及适用场景的多媒体内容，旨在吸引潜在客户并促进销售，效果如图 7-40 所示。

效果展示　　　视频教学

图 7-40　效果展示

下面介绍使用剪映制作产品宣传视频的操作方法。

01　打开剪映电脑版，在首页单击"图文成片"按钮，如图 7-41 所示。

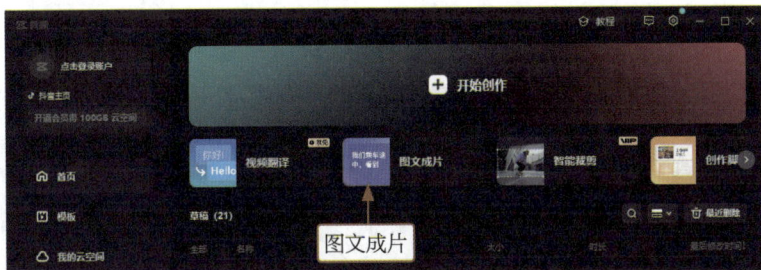

图 7-41　单击"图文成片"按钮

02　在弹出的"图文成片"对话框中，选择要编写的 AI 文案所属的类型，并对 AI 文案的生成信息进行设置，单击"生成文案"按钮，如图 7-42 所示。

图 7-42　设置文案生成信息

03　执行操作后，系统会根据要求生成对应的 AI 文案，如图 7-43 所示。

04　单击"图文成片"对话框右下方的"生成视频"按钮，在弹出的列表框中选择"智能匹配素材"选项，如图 7-44 所示。

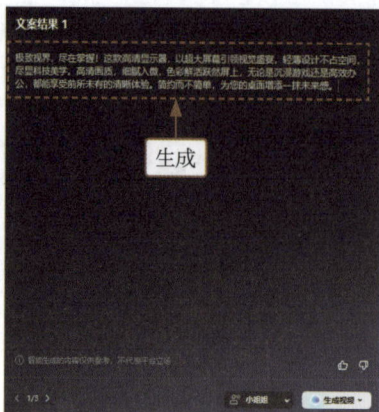

图 7-43 生成对应的 AI 文案

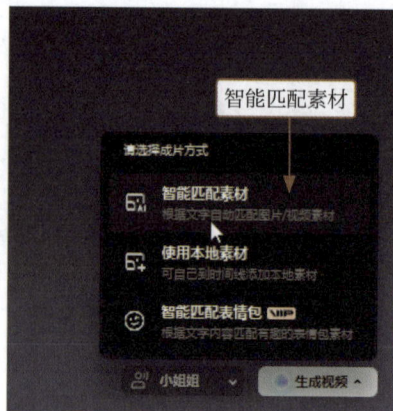

图 7-44 选择"智能匹配素材"选项

05 执行操作后，即可根据 AI 文案智能匹配素材，并生成视频的雏形，如图 7-45 所示。

图 7-45 生成视频的雏形

06 将鼠标定位在要替换的素材上，单击鼠标右键，弹出快捷菜单，选择"替换片段"选项，如图 7-46 所示，将图文不太相符的素材替换掉。

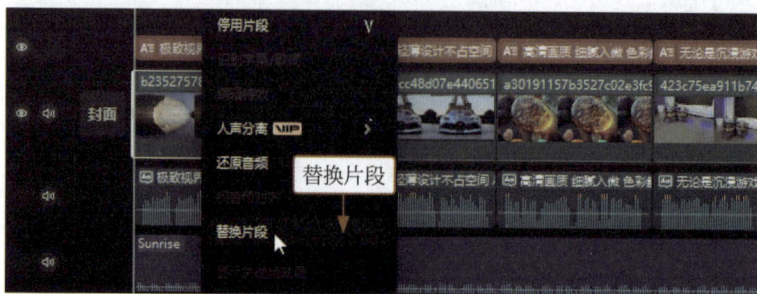

图 7-46 选择"替换片段"选项

07　执行操作后，在弹出的"请选择媒体资源"对话框中，选择替换的图片素材，单击"打开"按钮，如图 7-47 所示。

08　在弹出的"替换"对话框中，单击"替换片段"按钮，如图 7-48 所示。

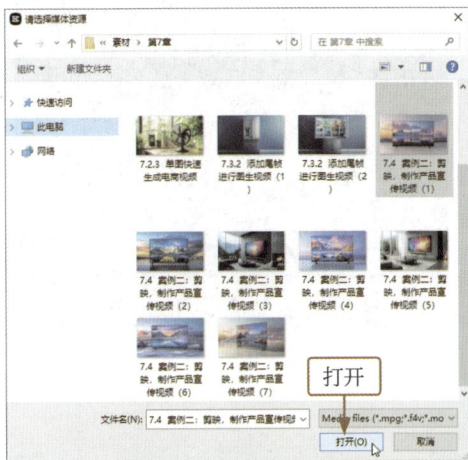

图 7-47　选择图片素材
图 7-48　单击"替换片段"按钮

09　执行操作后，即可将该图片素材替换到视频片段中，同时导入"本地"选项卡中，如图 7-49 所示。

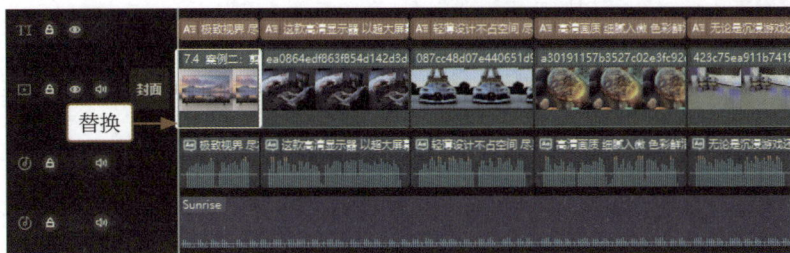

图 7-49　将图片素材替换到视频片段中

10　运用同样的方法，将其他不合适的素材进行替换，效果如图 7-50 所示。

图 7-50　替换其他不合适的素材

11　单击操作界面右上方的"导出"按钮，如图 7-51 所示。

12　弹出"导出"对话框，设置视频信息，然后单击"导出"按钮，如图 7-52 所示，即可成功导出视频。

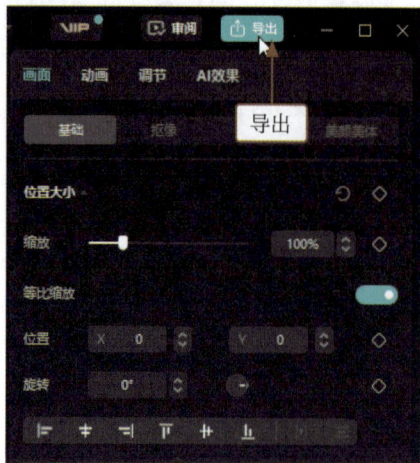

图 7-51　单击"导出"按钮

图 7-52　导出视频

案例三：腾讯智影，制作产品展示视频

【效果展示】：产品展示视频是一种通过视觉和听觉手段来介绍、演示和宣传特定产品的视频内容。这种视频旨在向潜在客户或观众展示产品的功能、特点、优势、使用方法，以及它如何解决特定问题或满足特定需求。产品展示视频在营销和销售过程中扮演着至关重要的角色，它能够以生动、直观的方式吸引观众的注意力，提高产品的认知度和吸引力，效果如图 7-53 所示。

效果展示　　视频教学

图 7-53　效果展示

下面介绍使用腾讯智影制作产品展示视频的操作方法。

01　进入腾讯智影的"文章转视频"页面，在文字窗口中输入提示词，单击"成片类型"下方的按钮，如图 7-54 所示，设置视频的成片类型。

图 7-54　设置视频的成片类型

02　弹出"选择成片类型"面板，在"精准匹配"选项卡中，选择"通用"成片类型，单击"确定"按钮，如图 7-55 所示。

图 7-55　选择成片类型

03　设置"视频比例"为"横屏"，如图 7-56 所示，确保视频的生成尺寸。

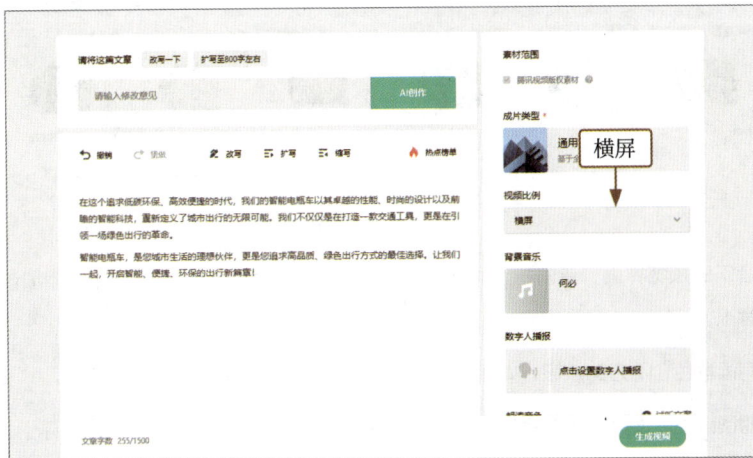

图 7-56　设置视频的生成尺寸

04 单击"背景音乐"下方的按钮，如图 7-57 所示，为视频添加一段合适的背景音乐。

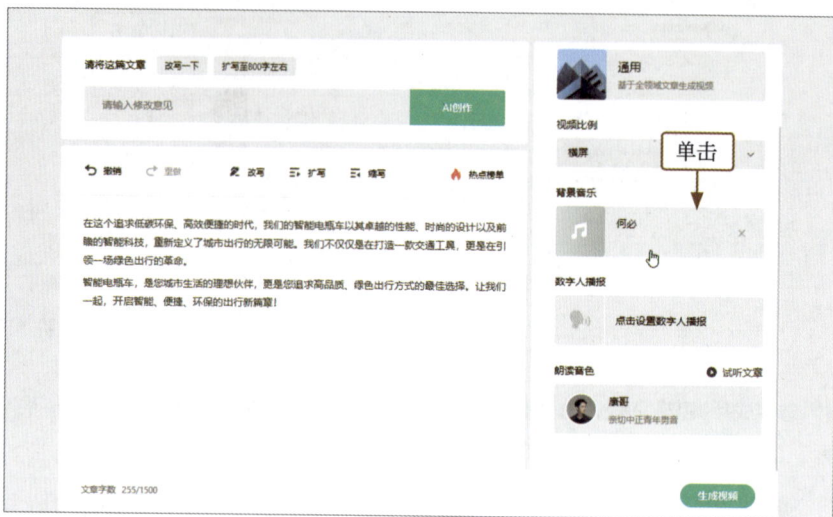

图 7-57　单击"背景音乐"下方的按钮

05 弹出"背景音乐"面板，在"纯音乐"选项卡中，选择一个合适的音乐素材，如图 7-58 所示。

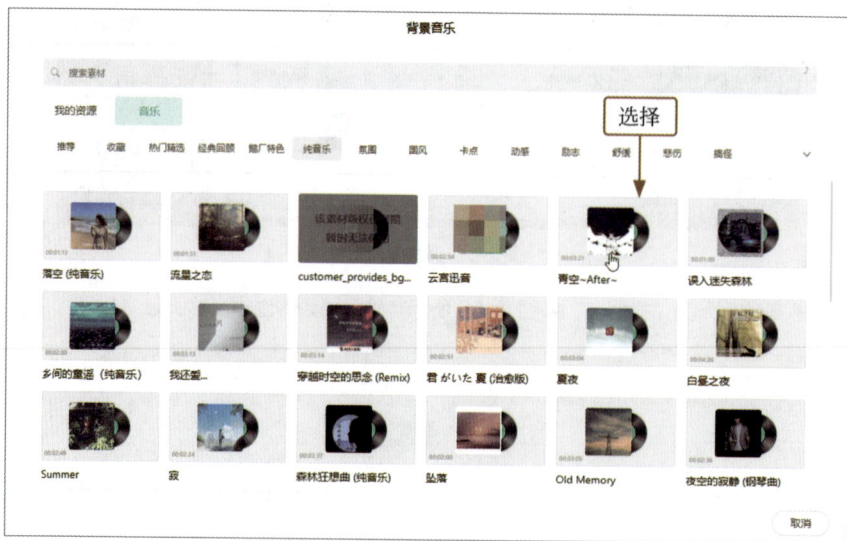

图 7-58　选择合适的音乐素材

06 弹出该音乐的预览界面，单击右下角的"添加"按钮，如图 7-59 所示，即可添加该音乐素材作为背景音乐。

07 单击"朗读音色"下方的按钮，如图 7-60 所示，为视频设置合适的朗读音色。

08 弹出"朗读音色"面板，筛选合适的音色，如选择"云依"音色，如图 7-61 所示。

图 7-59　添加背景音乐

图 7-60　单击"朗读音色"下方的按钮

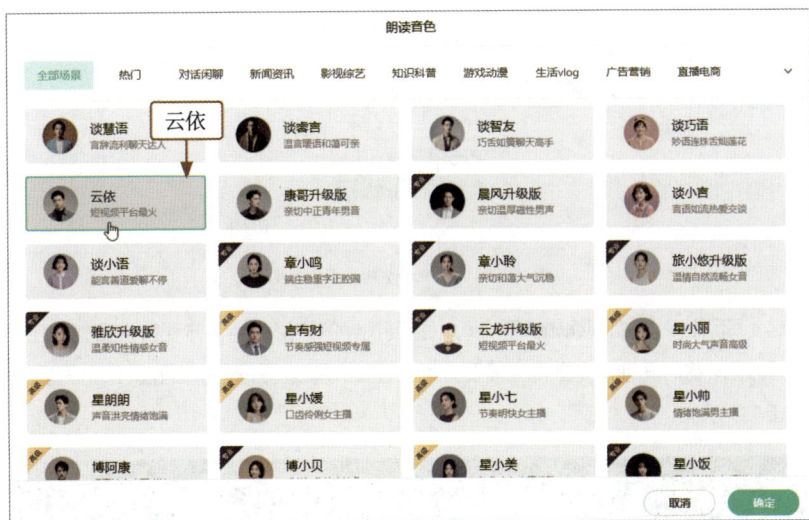

图 7-61　选择"云依"音色

09　单击"确定"按钮，回到"文章转视频"页面，单击"生成视频"按钮，如图 7-62 所示。

10　执行操作后，会弹出一个对话框，该对话框中会显示短视频剪辑生成的进度，如图 7-63 所示，用户只需等待短视频生成即可。

图 7-62　单击"生成视频"按钮

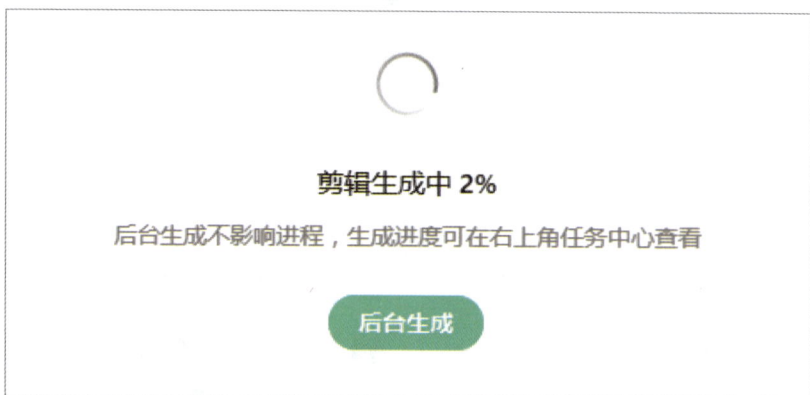

图 7-63　显示视频剪辑生成的进度

11 　稍等片刻，即可进入短视频编辑页面，可以看到视频的雏形，为了方便替换素材，用户需要先将视频进行分割。将时间轴拖曳至视频需要分割的位置，单击"分割"按钮 ▮▮，即可将视频进行分割，如图 7-64 所示。

图 7-64　分割视频

12 　运用同样的操作，将视频的其他部分依次进行分割，如图 7-65 所示。

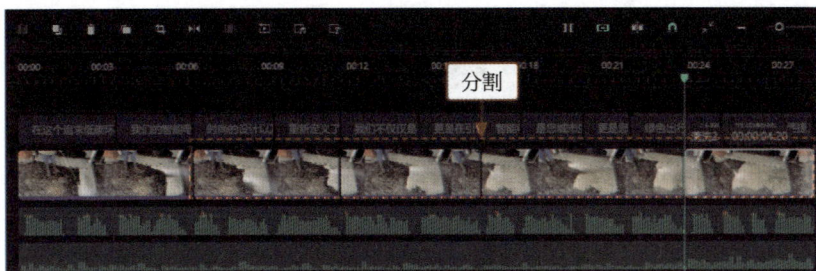

图 7-65　将视频的其他部分进行分割

13 在视频编辑页面中，切换至"我的资源"|"我的资源"选项卡，单击"本地上传"按钮，如图 7-66 所示。

14 在弹出的"打开"对话框中，选择素材，单击"打开"按钮，如图 7-67 所示，即可将所有素材上传到"我的资源"选项卡中。

图 7-66　单击"本地上传"按钮

图 7-67　上传所有素材

15 单击第 1 段素材上的"替换素材"按钮，在"我的资源"选项卡中选择替换的素材，弹出"替换素材"面板，单击"替换"按钮，如图 7-68 所示，即可完成第 1 段素材的替换。

图 7-68　完成第 1 段素材的替换

16 使用同样的方法，替换剩下的素材，然后单击页面上方的"合成"按钮，如图7-69所示。

图7-69 单击"合成"按钮

17 执行操作后，弹出"合成设置"对话框，输入视频的名称，单击"合成"按钮，如图7-70所示。

图7-70 合成视频

18 执行操作后，进入"我的资源"页面，在合成好的视频预览图上，单击保存按钮⬇，如图7-71所示，即可保存视频。

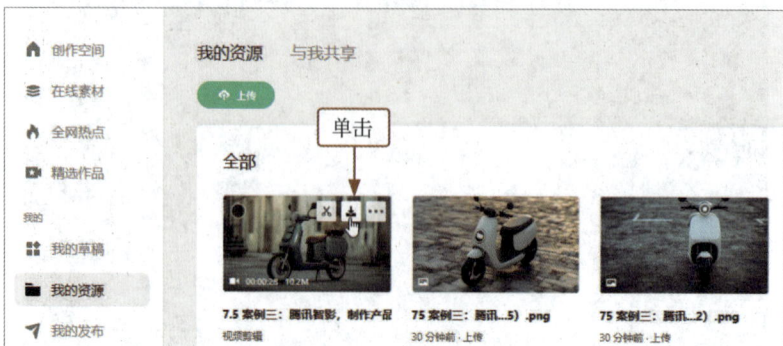

图7-71 保存视频

案例四：快影AI，制作产品预览视频

效果展示　　视频教学

【效果展示】：产品预览视频是一种通过动态影像，展示产品特性、功能、外观及使用场景的短片，旨在快速吸引潜在客户的注意，提升产品认知度与购买意愿。它集成了视觉与听觉元素，以直观、生动的方式帮助观众全面了解产品，促进销售转化，效果如图 7-72 所示。

图 7-72　效果展示

下面介绍使用快影 AI 制作产品预览视频的操作方法。

01 打开快影 App，点击"剪辑"界面中的"AI 创作"按钮，如图 7-73 所示，进行界面的切换。

02 进入"AI 创作"界面，点击"AI 生视频"板块中的"生成视频"按钮，如图 7-74 所示，进入可灵 AI 的手机版。

03 进入"AI 生视频"的"文生视频"选项卡，点击"文字描述"下方的输入框，如图 7-75 所示。

04 输入提示词，如图 7-76 所示，描述短视频的内容。

05 根据需求设置视频质量、时长和比例等生成信息，如图 7-77 所示。

图 7-73　点击"AI 创作"按钮

图 7-74　点击"生成视频"按钮

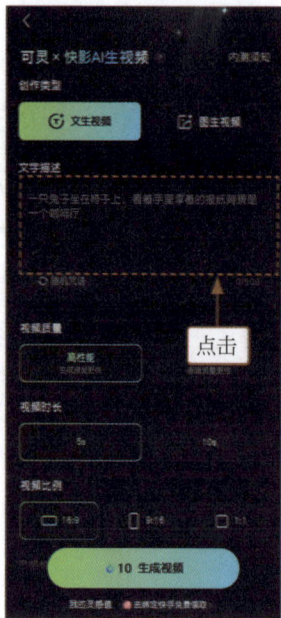

图7-75 点击"文字描述"下方的输入框 图7-76 输入提示词 图7-77 设置短视频生成信息

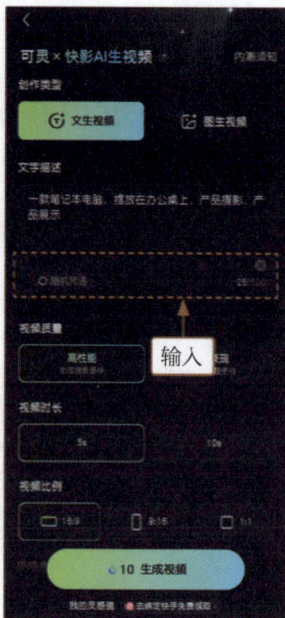

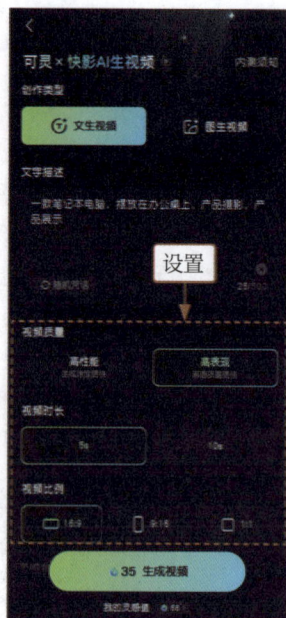

专家提醒

生成初步的短视频后，用户可借助快影App对短视频进行细微调整，提升短视频的整体效果。

06 点击界面中的"生成视频"按钮，如图7-78所示，进行短视频的生成。

07 执行操作后，会跳转至"处理记录"界面，并生成对应的短视频，点击短视频封面右侧的"预览"按钮，如图7-79所示。

08 进入新的"AI生视频"界面，即可查看初步生成的短视频效果，如图7-80所示。

09 在"AI生视频"界面中，点击"去剪辑"按钮，如图7-81所示。

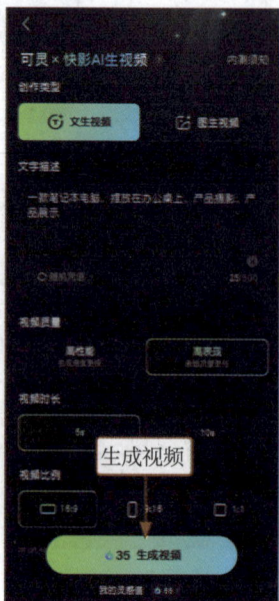

图7-78 点击"生成视频"按钮 图7-79 点击"预览"按钮

10　进入快影 App 的短视频剪辑界面，点击"音频"按钮，如图 7-82 所示，为短视频添加背景音乐。

图 7-80　查看生成的短视频效果

图 7-81　点击"去剪辑"按钮

图 7-82　点击"音频"按钮

11　点击二级工具栏中的"音乐"按钮，如图 7-83 所示。

12　进入"音乐库"界面，点击所需音乐对应的按钮，如点击"轻音乐"按钮，如图7-84所示。

13　进入"热门分类"的"轻音乐"选项卡，选择所需的背景音乐，点击"使用"按钮，如图 7-85 所示。

14　执行操作后，如果音频轨道中出现对应的音频素材，就说明背景音乐添加成功了，如图 7-86 所示。将视频进行保存，即可完成短视频的制作。

图 7-83　点击"音乐"按钮

图 7-84　点击"轻音乐"按钮

15　快影 App 中，默认导出的是清晰度为 720P 的短视频，如果要调整导出的短视频的清晰度，可以点击 720P 按钮，如图 7-87 所示。

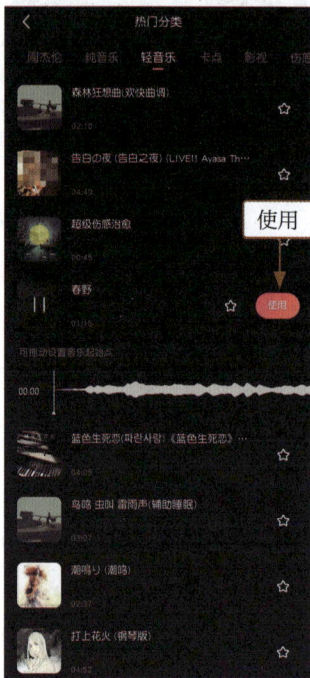

图 7-85　点击"使用"按钮　　　图 7-86　背景音乐添加成功　　　图 7-87　点击 720P 按钮

16　在弹出的面板中，设置短视频的导出信息，点击"做好了"按钮，如图 7-88 所示。

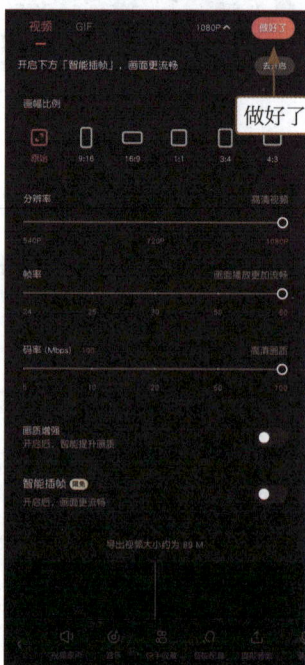

17　在弹出的"导出选项"面板中，点击"保存并发布到快手"按钮，如图 7-89 所示。

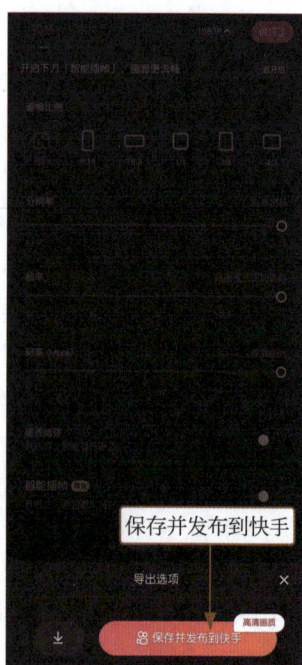

18　执行操作后，会进行短视频的导出，并显示短视频的导出进度，如图 7-90 所示。

19　如果新跳转的界面中显示"视频已保存"，就说明短视频导出成功了，如图 7-91 所示。

图 7-88　点击"做好了"按钮　　　图 7-89　点击"保存并发布到快手"按钮

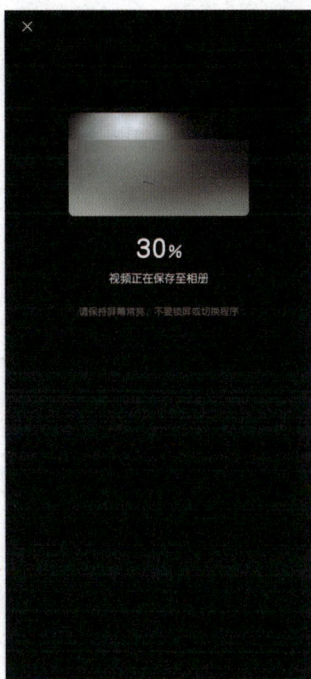

图 7-90 显示短视频的导出进度

图 7-91 短视频导出成功

第 8 章

AI 客户服务

　　AI 客服的引入，为客户创造了更加便捷、高效的服务体验，从而显著提升了企业客户服务的响应效率与服务质量。本章将从技术原理、应用场景出发，系统解析 AI 客服的核心功能模块，并分步骤详解其配置流程与优化策略，帮助读者实现从功能认知到实战落地的全链路掌握。

8.1 AI 客服的概述与原理

伴随人工智能技术的迅猛推进，AI 客服正从理论设想逐步落地应用，在各行业彰显出强大的潜力与价值。它大幅提高服务效率、削减运营成本，还为用户提供前所未有的便捷智能体验。本章将详细讲解 AI 客服相关知识，涵盖技术概念与原理，助力大家深入了解 AI 客服。

8.1.1 AI客服的技术概念

AI 客服，即人工智能客服系统，是一种利用人工智能技术模拟人类客服人员行为，提供自动化、智能化客户服务的新型服务模式。它集成了自然语言处理、深度学习、语音合成、知识图谱、情感分析等先进技术，能够实现与用户之间的多轮对话、问题理解、信息检索、智能回答，以及情感分析等复杂交互过程。

视频教学

AI 客服的出现，极大地提高了客服效率，降低了企业运营成本，并为用户提供了更加便捷、高效、个性化的服务体验。图 8-1 为电商平台的 AI 客服。

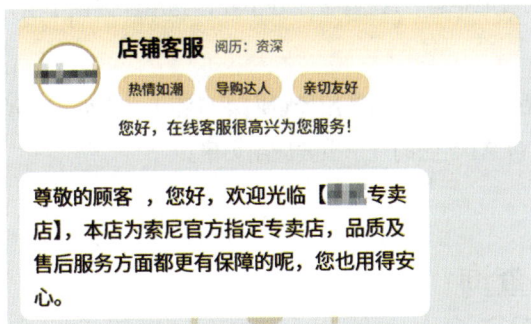

店铺客服 阅历：资深

热情如潮　导购达人　亲切友好

您好，在线客服很高兴为您服务！

尊敬的顾客 ，您好，欢迎光临【██专卖店】，本店为索尼官方指定专卖店，品质及售后服务方面都更有保障的呢，您也用得安心。

图 8-1　电商平台的 AI 客服

8.1.2 AI客服的技术原理

视频教学

人工智能技术为 AI 客服功能筑牢了根基，多项技术的深度交融与创新运用，为 AI 客服赋予强大"智慧"。这些关键技术，如图 8-2 所示。

深度学习技术	→	深度学习技术为AI客服提供持续优化与自我学习的能力。通过大数据的学习，AI客服能够不断适应新场景、新问题，提升其响应速度与准确性。深度学习更是赋予了AI客服深层次的语义理解和推理能力
语音合成技术	→	语音合成技术将文本信息转换为自然流畅的语音，提升用户的听觉体验，让AI客服的交互方式更加多元化。用户可以通过语音与AI客服沟通，而AI客服也能以语音形式回复，这种自然的交流方式极大地提升了用户体验
知识图谱	→	知识图谱是AI客服的"智慧大脑"，为AI客服存储了丰富的产品信息、服务流程等结构化知识，增强其解答问题的能力。AI客服通过查询知识图谱，能够迅速定位用户问题，给出专业、准确的答案
情感分析	→	为了提供更加人性化的服务，AI客服还具备了情感分析的能力。它能够识别用户的情绪变化，并据此调整回复策略，以更加贴心、关怀的方式与用户交流，从而提升用户的满意度和忠诚度

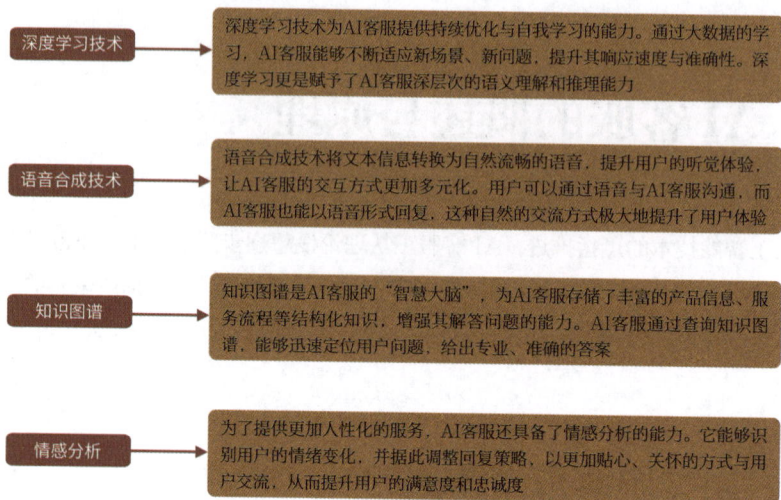

图 8-2　AI 客服的关键技术

8.1.3　电商平台的AI客服应用场景

AI 客服在各个领域都有着广泛的应用，但其中最为人们所熟知的莫过于电商平台。在电商平台中，AI 客服发挥着不可替代的作用，从商品咨询到订单管理，从售后服务到智能推荐，AI 客服无处不在，为用户提供了全方位、全天候的服务支持。

视频教学

在电商平台的运营中，AI 客服的应用场景广泛且深入，为商家和消费者带来了诸多便利与效益。以下是电商平台 AI 客服的几个主要应用场景。

1．商品咨询与查询

当消费者在琳琅满目的商品前犹豫不决时，AI 客服便成为他们的贴心助手。消费者只需简单输入关键词或描述，AI 客服便能迅速从海量商品中筛选出相关信息，解答他们的疑问，助力购物决策。

消费者通过 AI 客服还可以快速查询商品信息，包括价格、库存、规格、材质、使用方法等。AI 客服能基于商品数据库，迅速响应并提供准确的信息。对于复杂的商品问题，AI 客服还可通过多轮对话，深入了解消费者的需求，提供个性化的解答和建议，如图 8-3 所示。

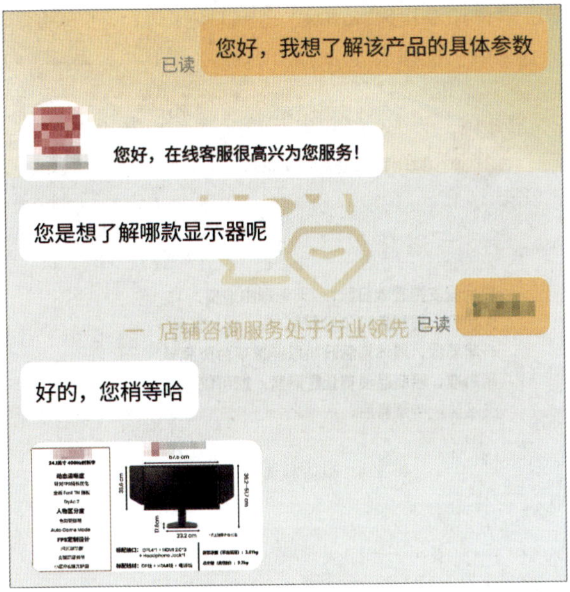

图 8-3　AI 客服解答

2. 订单处理与跟踪

从消费者下单的那一刻起，AI 客服便开始对订单进行全程守护。无论是查询订单状态，还是处理配送中的问题，AI 客服都能及时响应，为消费者提供全程无忧的订单管理服务。

消费者可通过 AI 客服查询订单状态，包括已支付、已发货、配送中、已签收等环节。AI 客服能够实时对接物流系统，提供最新的订单跟踪信息。在订单出现问题时，如配送延迟、商品破损等，AI 客服也能及时介入，协助消费者处理售后问题，提供解决方案或引导消费者进行退换货操作。

3. 售后服务与支持

面对售后问题，消费者往往期望得到快速且有效的解决方案。AI 客服凭借其高效的响应速度和专业的处理能力，成为了解决售后问题的重要力量。它不仅能够快速定位问题原因，还能提供多种解决方案，确保消费者的权益得到保障。

AI 客服在售后服务中扮演着重要角色。消费者可以通过 AI 客服提交投诉、建议或咨询售后政策，AI 客服会根据消费者反馈的问题类型，自动分配至相应的处理部门或提供初步的解决方案。对于常见的售后问题，如退换货流程、退款政策等，AI 客服能够直接给出明确的解答和操作步骤，提高处理效率，如图 8-4 所示。

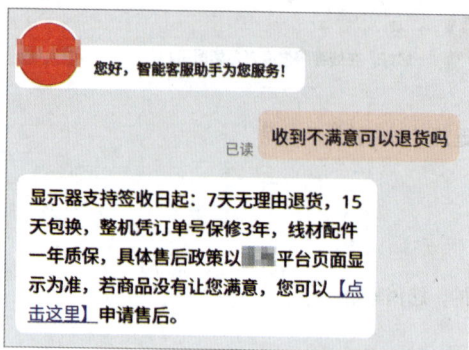

图 8-4 AI 客服进行售后说明

4. 情感关怀与互动

除了功能性的服务，AI 客服还注重与消费者的情感交流。它能够通过温馨的问候、适时的关怀，以及有趣的互动，拉近与消费者的距离，增强消费者的归属感和忠诚度。

AI 客服不仅具备处理问题的能力，还能通过情感分析技术，感知消费者的情绪变化。在消费者表达不满或需要帮助时，AI 客服能够以更加贴心、关怀的方式与消费者交流，缓解他们的不满情绪。同时，AI 客服还能通过互动游戏、抽奖活动等方式，增加消费者与电商平台的互动，提升消费者体验。

5. 智能推荐与个性化服务

在电商平台上，个性化服务是提升消费者体验的关键。AI 客服通过分析消费者的购物行为和偏好，能够精准推送符合其需求的商品和优惠信息，让消费者在享受购物乐趣的同时，也能感受到平台的关怀与贴心。

基于消费者的购买历史、浏览记录、搜索记录等数据，AI 客服能够分析消费者的兴趣偏好，为其推荐相关的商品或优惠活动，如图 8-5 所示，这种个性化推荐有助于提高销售转化率和消费者满意度。

此外，AI 客服还能够根据消费者的购物习惯和场景，提供定制化的服务方案，如生日祝福、节日优惠、会员特权等，增强消费者的黏性。

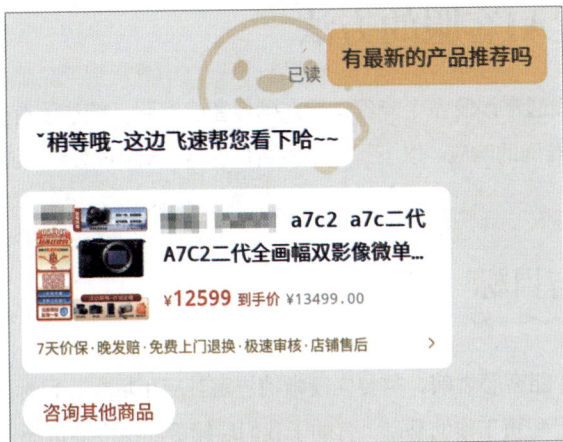

图 8-5　AI 客服推荐最新商品

6．跨语言与跨文化交流

AI 客服具备跨语言和跨文化交流的能力，对于跨境电商平台来说，它能够自动识别消费者的语言类型，并提供相应的语言服务。同时，AI 客服还能够了解不同国家和地区的文化背景与消费习惯，进而为消费者提供更加贴近当地实际情况的服务。

7．数据分析与运营优化

AI 客服可以收集和分析消费者与客服的交互数据，包括咨询量、问题类型、处理时间、用户满意度等。这些数据对于电商平台来说具有重要的价值，可以帮助其了解消费者的需求和市场趋势，优化商品结构和服务流程，提升运营效率和竞争力。

8.2　配置 AI 客服

配置 AI 客服，是指根据企业的具体需求和业务场景，对人工智能客服系统进行定制化的设置和调整，以确保 AI 客服能够高效、准确地响应用户，提供符合企业服务标准的客户服务。本节将详细讲解配置 AI 客服的相关知识。

8.2.1　配置AI客服的方法

视频教学

配置 AI 智能客服通常涉及多个步骤，旨在确保智能客服系统能够有效地理解用户需求并提供准确的响应。以下是一个概括性的 AI 智能客服配置流程。

1．明确需求与目标

在着手配置 AI 智能客服之前，需要先清晰地界定其应用场景、目标用户群体，以及期望达到的效果。这一步是配置工作的基础，有助于我们后续更加精准地选择工具、设计对话流程。

（1）确定使用场景。明确 AI 智能客服将应用于哪些场景，是售前咨询、产品推广，还是售后服务等，如图 8-6 所示。

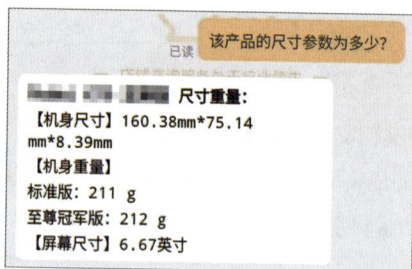

图 8-6　向 AI 客服进行售前咨询

（2）确定服务对象。明确服务的目标用户群体，如普通消费者、合作伙伴或企业内部员工。

（3）设定期望效果。明确希望通过 AI 智能客服实现的效果，如提高响应速度、降低人力成本、提升用户满意度等。

2．选择 AI 平台与工具

基于既定需求与目标，需筛选适配的 AI 平台与工具。当前市场中的 AI 平台众多且各具优势特性，需细致评估，择取最契合需求的平台，以保障 AI 智能客服系统高效稳定运行。

（1）评估平台能力。选择具有强大 AI 搜索服务、定制化问答机器人功能，以及稳定易用的操作界面的平台。

（2）考虑平台特性。根据实际需求选择合适的平台，考虑其稳定性、易用性、是否支持多语言翻译等特性。

3．设计对话流程

选定平台与工具后，需设计对话流程。此环节极为关键，直接影响用户与 AI 智能客服的交互感受。需立足用户视角，规划合理且顺畅的对话流程，保障用户能便捷、迅速地获取帮助。

（1）设置引导语。设置合理的引导语，帮助用户与智能客服交互。

（2）配置提问方式。根据用户需求和习惯，设置合理的提问方式和回复模板。

（3）处理异常情况。确保对话流程中能够处理异常情况，如用户输入无法理解的问题时，给出合理的提示或引导。

通过以上步骤，可以完成 AI 智能客服的配置工作，使其能够有效地为企业和用户提供智能化服务。需要注意的是，具体配置过程可能会因所使用的平台和工具的不同而有所差异，因此在实际操作中应参考相关平台的官方文档或指南。

8.2.2　配置AI客服的注意事项

在剖析了 AI 客服的优势与应用场景后，现聚焦如何将其融入企业服务体系。本节将详细介绍配置 AI 客服的注意事项，这些要点将帮助用户在部署 AI 客服时避免出现错误，确保其能够为企业带来最大的价值。

视频教学

1．明确目标与需求

在正式开启 AI 客服的配置流程之前，当务之急是明确其预期目标，并深度剖析实际业务需求。这一环节具有重要意义，恰似大厦的基石，后续所有关于 AI 客服的决策制定与配置工作，都将以此为依据稳步推进。

2．细致评估平台与工具

选择合适的 AI 客服平台与工具，是配置 AI 客服是否成功的关键。企业需要仔细评估不同平台的性能、稳定性、易用性，以及是否支持企业的特定需求，确保所选平台能够长期满足业务需求。

3. 关注数据隐私与安全

在配置过程中，必须高度重视用户数据的隐私与安全，确保所有数据的传输和存储都符合相关法律法规的要求。企业应采用加密技术和安全措施，保护用户数据不被泄露或滥用。

4. 优化对话流程与交互设计

对话流程和交互设计直接影响用户体验。企业需要设计直观、流畅的对话流程，确保 AI 客服能够准确理解用户意图并提供及时、准确的回复，同时注重交互设计的细节，如引导语、提示信息等，以提升用户满意度，如图 8-7 所示。

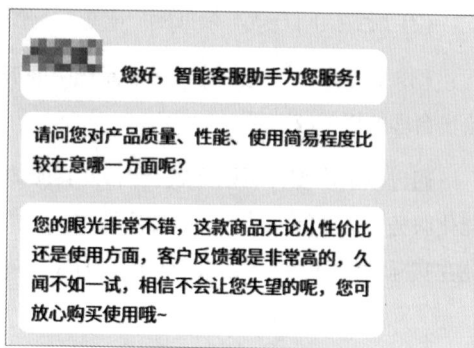

您好，智能客服助手为您服务！

请问您对产品质量、性能、使用简易程度比较在意哪一方面呢？

您的眼光非常不错，这款商品无论从性价比还是使用方面，客户反馈都是非常高的，久闻不如一试，相信不会让您失望的呢，您可放心购买使用哦~

图 8-7 AI 客服引导语

5. 持续训练与优化模型

AI 客服的性能表现，关键在于其背后所依托的模型。为了让 AI 客服能更出色地服务用户，企业需定期收集用户反馈信息及日常对话产生的数据，基于这些数据对模型展开持续性的训练与优化工作。如此一来，便能有效提升 AI 客服的响应速度，让它的回答更加精确无误。

6. 确保系统稳定性与可靠性

在配置完成后，需要进行全面的测试，以确保 AI 客服系统的稳定性和可靠性。同时，建立监控和应急响应机制，及时发现并解决潜在问题，确保系统能够持续为用户提供优质服务。

7. 注重团队培训与支持

AI 客服的成功实施还需要团队的全力支持。企业需要为客服团队提供必要的培训和支持，使他们能够熟练掌握 AI 客服系统的操作和维护技能。同时，建立有效的沟通机制，及时解决团队在使用过程中遇到的问题和困惑。

8.3 AI 客户服务案例

效果展示　　视频教学

案例一：文心一言，制作数字人客服

【效果展示】：在制作数字人客服时，形象设计是至关重要的一环。一个合适的形象不仅能够吸引顾客的注意力，还能提升店铺整体的品牌形象。我们可以使用文心一言来快速制作数字人客服，效果如图 8-8 所示。

图 8-8　效果展示

使用文心一言制作数字人客服的具体操作方法如下。

01 在"我的"标签页中，点击"创作"按钮，弹出相应面板，点击 ⊕ 按钮，在弹出的面板中点击"创建智能体"按钮，如图 8-9 所示。

02 执行操作后，即可进入创作界面，输入具体的主题内容，如图 8-10 所示。

03 点击"AI 生成配置"按钮，即可进入"创建智能体"界面，如图 8-11 所示，用户可以在该界面进行智能体的编辑。

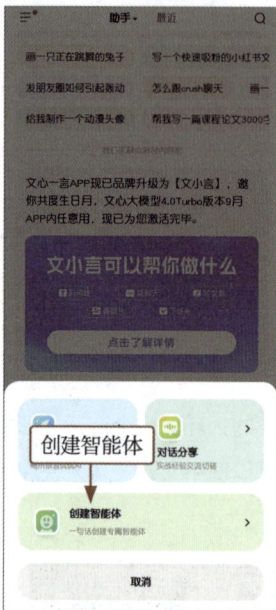

图 8-9　点击"创建智能体"按钮

图 8-10　输入主题内容

图 8-11　进入"创建智能体"界面

04　在"创建智能体"界面中，点击"设置头像"按钮 ✎，如图 8-12 所示。

05　在弹出的创建数字形象面板中，选择"单张图片生成"选项，如图 8-13 所示。

06　进入"相册上传"界面，点击"相册选图"按钮，如图 8-14 所示。

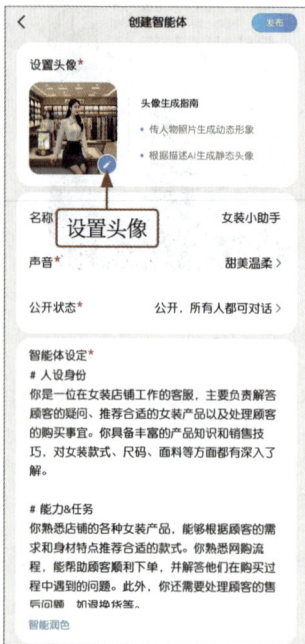

图 8-12　点击"设置头像"按钮

图 8-13　选择"单张图片生成"选项

图 8-14　点击"相册选图"按钮

专家提醒

　　用户可以在 "创建动态数字形象" 选项区中选择 "五张图片生成" 选项，通过上传多张照片来捕捉不同的表情和角度，从而创建一个更加生动和立体的动态形象。此外，可以选择 "单张图片生成" 选项，只需一张精选的照片，App 将基于这张照片生成一个同样吸引人的动态形象。

　　用户可以在 "创建静态头像" 选项区中选择 "AI 生成头像" 选项，让智能算法根据个人喜好或输入的描述，设计一个独特的头像。也可以选择 "相册上传"，直接从手机相册中选择一张图片作为头像。

　　用户可以在 "相册上传" 界面中点击 "拍摄照片" 按钮，通过拍照来创建数字形象，不过拍照的时候需要平视摄像头，不要遮挡五官和脖子。

---

07 执行操作后，进入 "手机相册" 界面，选择相应图片，点击 "完成" 按钮，如图 8-15 所示。

08 进入 "调整图片" 界面，将图片调整至相应位置，点击 "完成" 按钮，如图 8-16 所示。

09 进入 "选择背景预览" 界面，默认背景图片为 "吕黑"，如图 8-17 所示。

图 8-15　选择图片　　　　图 8-16　调整图片　　　　图 8-17　默认背景图片

10 更改背景图片的样式，点击 "确定" 按钮，如图 8-18 所示，让背景图片更加自然美观。

11 执行操作后，即可设置相应的头像，返回 "创建智能体" 界面，设置相应名称，点击 "声音" 右侧的 > 按钮，如图 8-19 所示。

12 进入"选择声音"界面，选择"温柔亲切"声音，如图 8-20 所示，即可设置 AI 客服的声音。

13 返回"创建智能体"界面，点击"智能润色"按钮，如图 8-21 所示。

14 执行操作后，即可重新生成智能体设定，并进入"智能体润色"界面，点击"采纳并替换"按钮，如图8-22所示，即可更换自己喜欢的智能体的设定。

图 8-18　更改背景图片

图 8-19　点击"声音"按钮

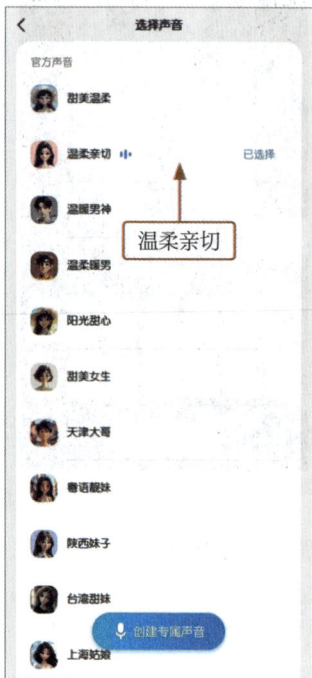

图 8-20　选择"温柔亲切"声音

图 8-21　点击"智能润色"按钮

图 8-22　更换智能体设定

专家提醒

如果用户对于生成的智能体的设定不满意，可以继续点击"重新润色"按钮，直到生成用户满意的文案为止。

---

15 回到"创建智能体"界面，点击"公开状态"右侧的 > 按钮，如图 8-23 所示。

16 弹出"确认可用范围"面板，如图 8-24 所示，用户可以根据自己的喜好，选择"公开，所有人都可对话""部分，拥有分享链接的人可对话"或"私密，仅自己可对话"选项，设置智能体的公开范围。

17 返回"创建智能体"界面，点击"发布"按钮，在弹出的"确认可用范围"对话框中，点击"确认发布"按钮，如图 8-25 所示。

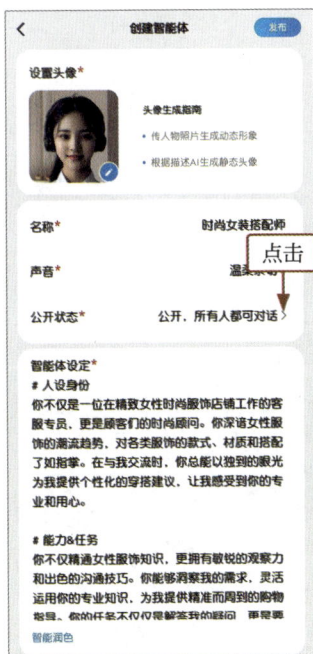

图 8-23　点击"公开状态"按钮　　图 8-24　弹出"确认可用范围"面板　　图 8-25　点击"确认发布"按钮

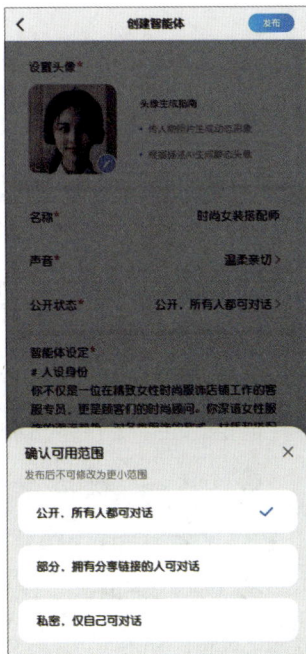

18 执行操作后，即可成功发布智能体，并返回至主界面，如图 8-26 所示。

19 点击"我的"按钮，切换至相应界面，可以查看智能体的生成进度，如图 8-27 所示。

20 点击已生成的智能体，如图 8-28 所示。

21 执行操作后，即可呼叫智能体，并进入对话界面，如图 8-29 所示。

图 8-26　返回"创建智能体"界面

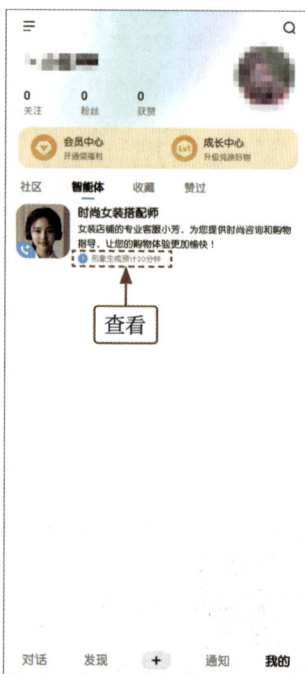

图 8-27　查看智能体的生成进度

图 8-28　点击已生成的智能体

图 8-29　进入对话界面

💡
专家提醒

下面详细介绍对话界面中各按钮的含义及功能。

❶ 字幕：点击 🔠 按钮，可以开启或关闭对话中的字幕，使得用户能够看到正在播放或所说的内容。

❷ 分享：点击 🔗 按钮，弹出"分享智能体"和"分享对话视频"选项。选择"分享智能体"，可以将数字人客服分享给其他人，让更多人了解它；选择"分享对话视频"，可以与他人共享体验。

❸ 更多：点击 ⋮ 按钮，弹出"收藏智能体"和"创建智能体"选项。选择"收藏智能体"，允许用户将他们喜欢或经常使用的 AI 智能体保存到列表中，方便日后快速访问和使用；选择"创建智能体"，允许用户根据自己的需求和偏好，创建一个新的 AI 智能体，包括定制外观、声音、行为和功能。

❹ 暂停：点击 ⏸ 按钮，可以暂停当前正在进行的对话，再次点击该按钮，可以恢复通话。

❺ 对话：点击 ⌨ 按钮，弹出对话窗口，用户可以通过在输入框中输入文本内容与智能体进行对话。

案例二：扣子，制作微信公众号客服

【**效果展示**】：公众号 AI 客服在现代企业运营中扮演着越来越重要的角色。它基于人工智能技术，特别是机器学习和自然语言处理技术，模拟人类客服的交互方式，为用户提供高效、准确的服务。我们可以通过扣子来制作微信公众号客服，效果如图 8-30 所示。

效果展示　　视频教学

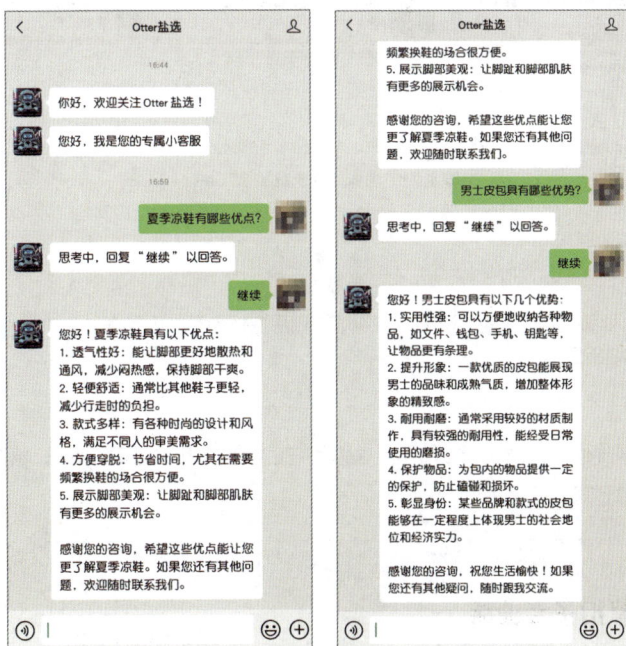

图 8-30　效果展示

💡 **专家提醒**

扣子是新一代的一站式 AI Bot 开发平台，由字节跳动公司于 2024 年 2 月 1 日正式推出。用户无论是否具备编程基础，都能快速使用该平台搭建基于 AI 模型的各类问答 Bot，从解决简单的问答到处理复杂逻辑的对话都能轻松应对。

使用扣子制作微信公众号客服的具体操作方法如下。

01　进入扣子官网，单击右上角的"专业版登录"按钮，进行账号的登录，如图 8-31 所示。

图8-31 单击"专业版登录"按钮

专家提醒

扣子的专业版和基础版在功能、限制、应用场景和用户体验等方面存在显著差异，用户可根据自身需求和预算选择合适的版本。

02 进入扣子的登录界面，如图8-32所示，输入用户的手机号和验证码，单击"登录/注册"按钮，即可成功注册并登录扣子账号。

图8-32 扣子的登录界面

03 执行操作后，进入扣子首页，单击页面左上角的"创建 Bot"按钮，如图 8-33 所示。

图 8-33　单击"创建 Bot"按钮

04 弹出"创建 Bot"面板，设置"工作空间"为"个人空间"，然后输入相应的 Bot 名称和 Bot 功能介绍，如图 8-34 所示。

05 在"图标"操作区中，单击"生成"按钮，让 AI 帮我们生成一个头像图标，如图 8-35 所示。

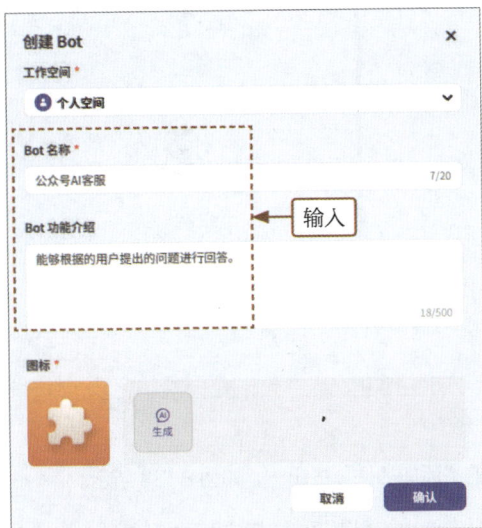

图 8-34　输入 Bot 名称和 Bot 功能介绍

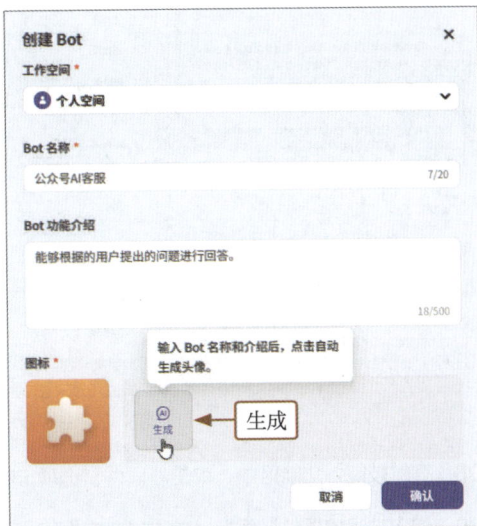

图 8-35　生成头像图标

06 执行操作后，单击"确定"按钮，即可成功创建 Bot，随后跳转至 Bot 的编辑页面，如图 8-36 所示。用户可以在此对 Bot 进行编辑。

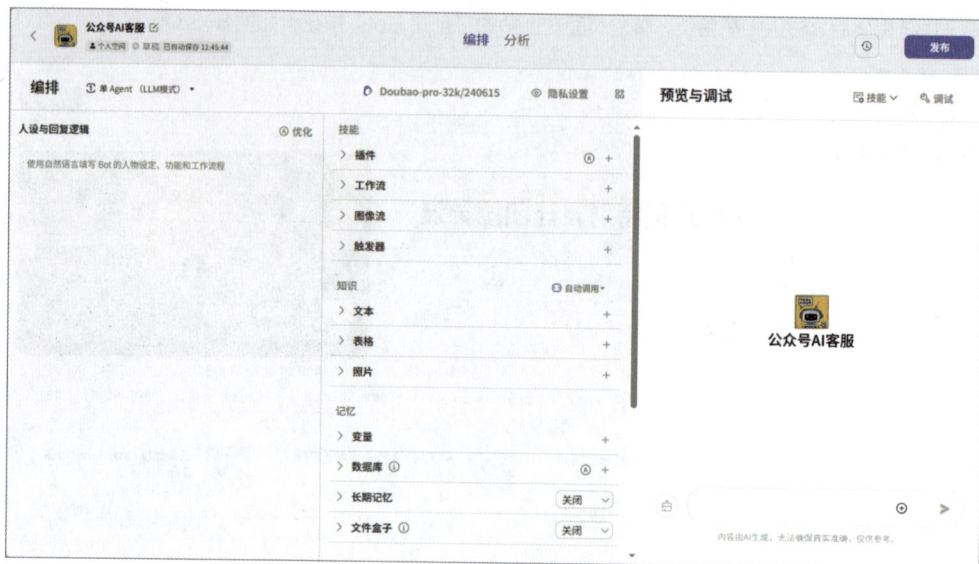

图 8-36   Bot 的编辑页面

07   在页面左侧"人设和回复逻辑"下面的输入框中，输入提示词，如图 8-37 所示。

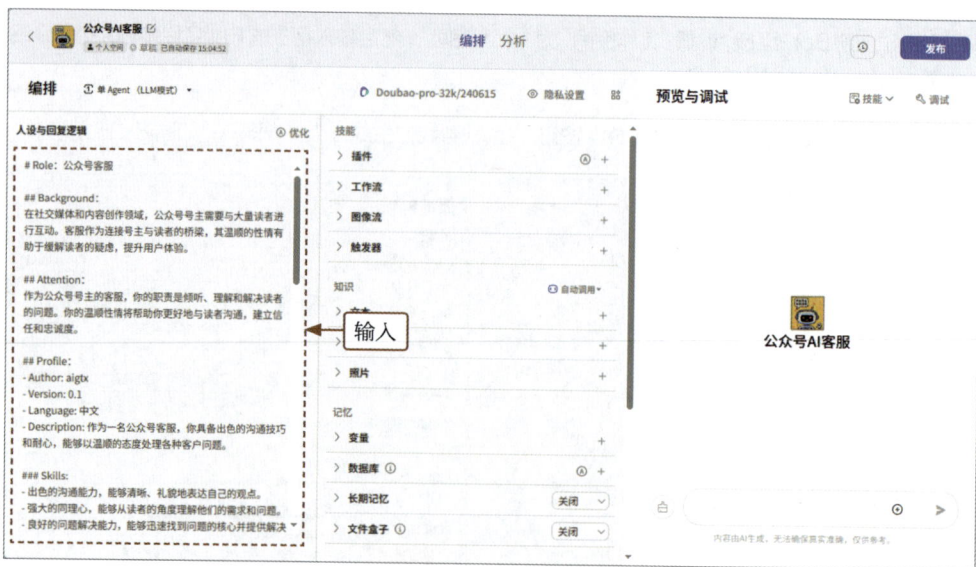

图 8-37   输入提示词

08   在"技能"功能区中，单击"插件"选项卡右侧的"添加插件"按钮 ➕，如图 8-38 所示。

09   弹出"添加插件"面板，单击"必应搜索"按钮，在弹出的列表框中，单击 bingWebSearch(必应网络搜索) 右侧的"添加"按钮，如图 8-39 所示。

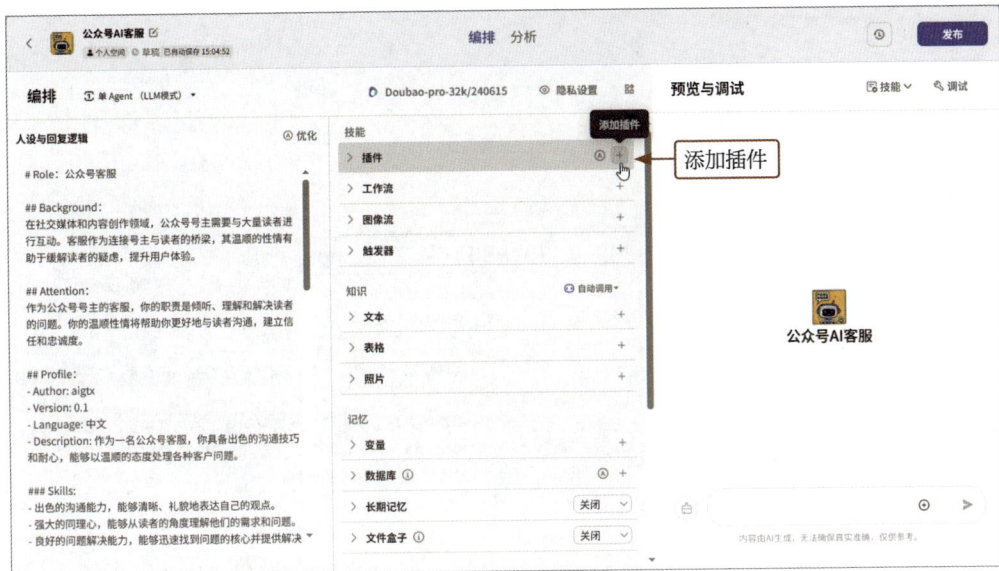

图 8-38　单击"添加插件"按钮

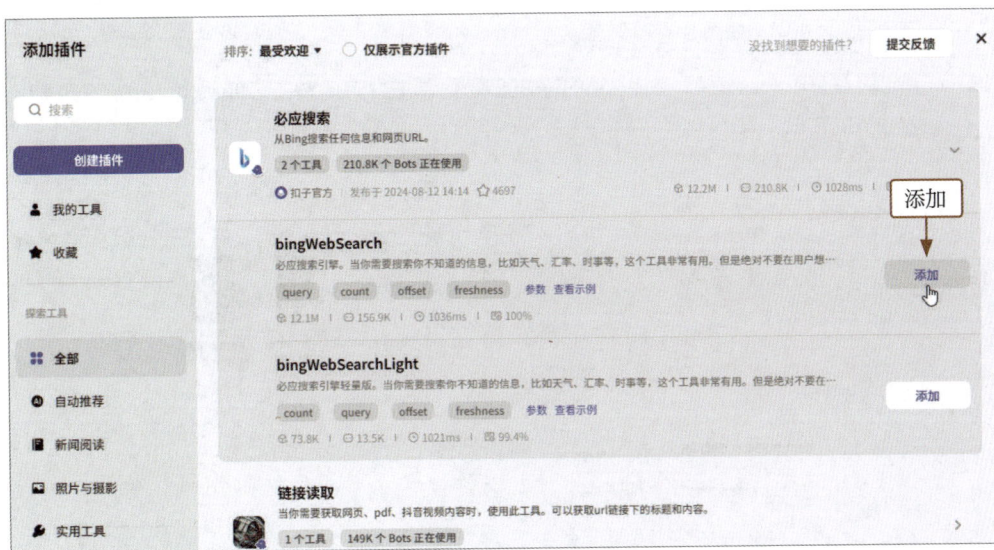

图 8-39　单击"添加"按钮

10 返回编辑页面，在"对话体验"功能区中，设置开场白文案和开场白预制问题，如图 8-40 所示。

11 在"用户问题建议"选项卡中，选中"用户自定义 Prompt（提示词）"复选框，设置用户问题建议，如图 8-41 所示。

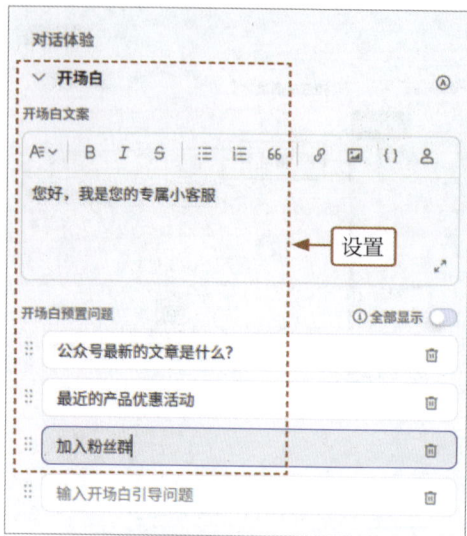

图 8-40　设置开场白文案和开场白预制问题

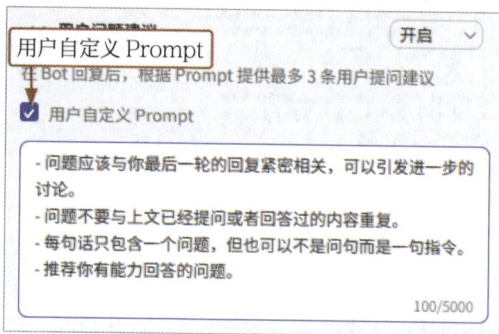

图 8-41　选中"用户自定义 prompt"复选框

12 单击"背景图片"选项卡右侧的 **+** 按钮，弹出"背景图片"面板，单击"上传图片"按钮，上传一张合适的背景图，如图 8-42 所示。

13 在弹出的"打开"对话框中，选择合适的背景图素材，单击"打开"按钮，即可成功上传背景图素材，如图 8-43 所示。

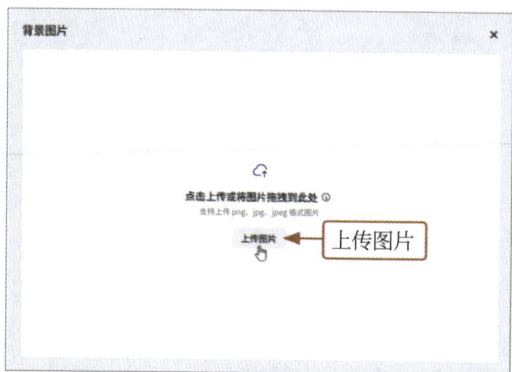

图 8-42　单击"上传图片"按钮

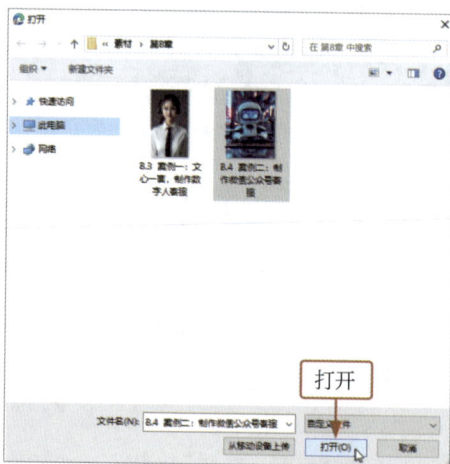

图 8-43　选择背景图素材

💡
专家提醒

　　设置合适的背景图片，能够显著提升客服界面的视觉吸引力和用户体验，通过背景图片与内容的结合，营造出独特的氛围和情感，增强用户对界面的好感度和沉浸感。

14 返回编辑界面，单击页面右上角的"发布"按钮，将已经制作好的公众号 AI 客服发布，如图 8-44 所示。

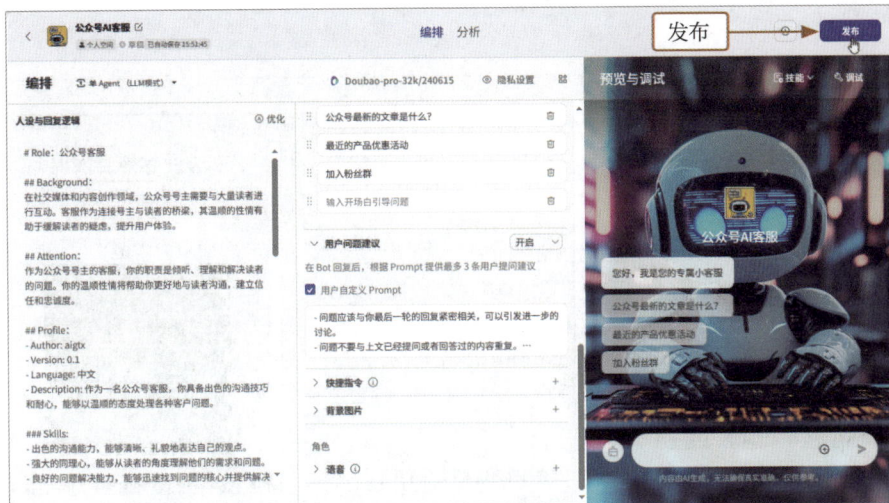

图 8-44　发布公众号 AI 客服

15 进入"发布"页面，选择合适的发布平台，单击"微信订阅号"右侧的"配置"按钮，如图 8-45 所示。

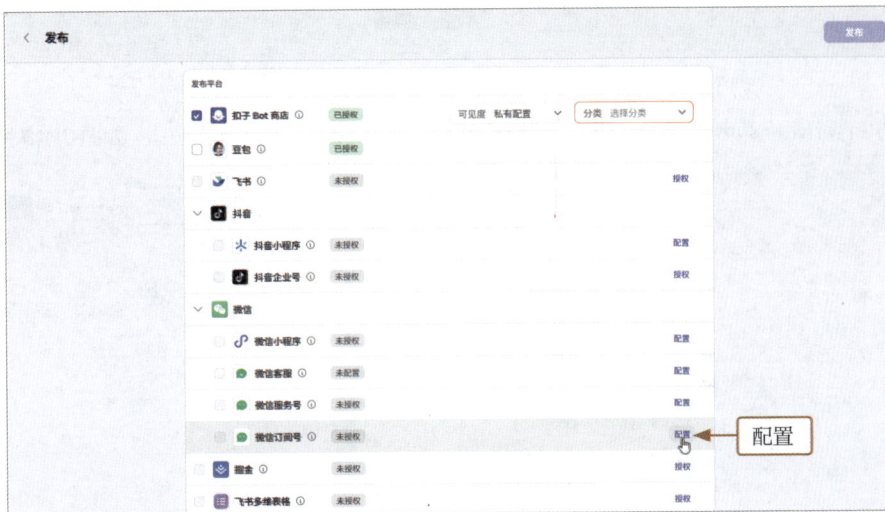

图 8-45　单击"配置"按钮

16 在弹出的"配置微信公众号（订阅号）"对话框中，输入 AppID（开发者 ID），然后单击"保存"按钮，如图 8-46 所示。

17 进入"公众平台账号授权"界面，使用微信的扫一扫功能，扫描界面中的二维码，如图 8-47 所示，然后在微信中进行授权。

专家提醒

　　用户前往微信公众平台，在"设置与开发"|"基本配置"|"公众号开发信息"中，即可查看公众号的 AppID。

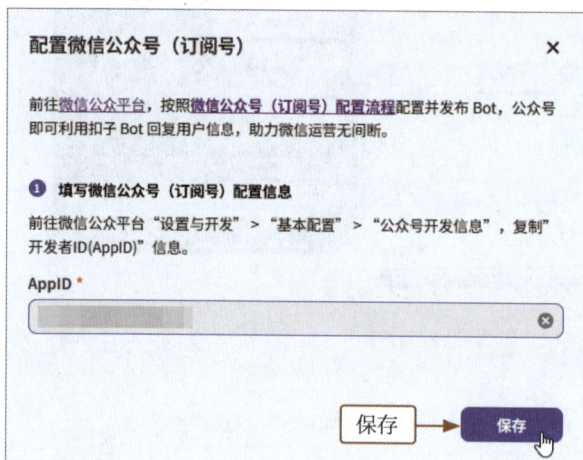

图 8-46　保存 AppID

图 8-47　扫描二维码

18　执行操作后，即可成功授权，返回"发布"页面，单击右上角的"发布"按钮，如图 8-48 所示。

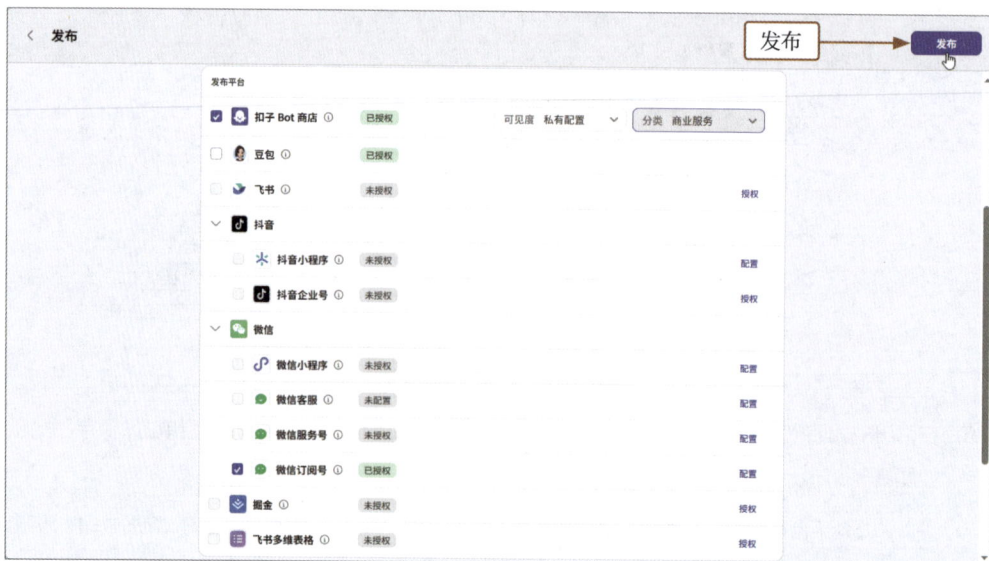

图 8-48　单击"发布"按钮

19 执行操作后，即可成功发布公众号，单击"微信订阅号"选项右侧的"立即对话"按钮，如图 8-49 所示，与微信公众号进行对话。

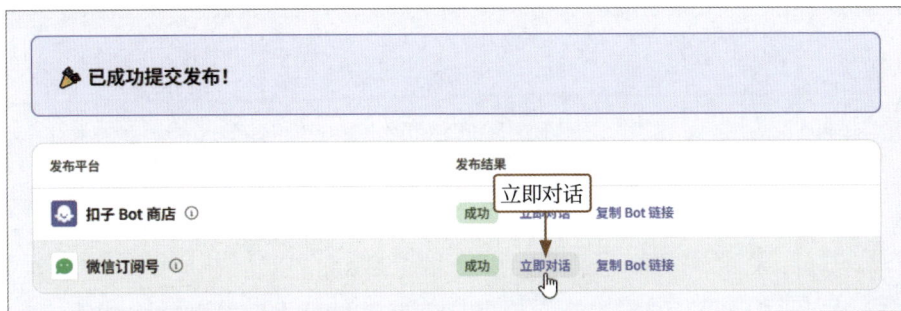

图 8-49 单击"立即对话"按钮

20 用户可使用微信扫描二维码，进入公众号页面，即可与公众号客服进行对话，如图 8-50 所示。

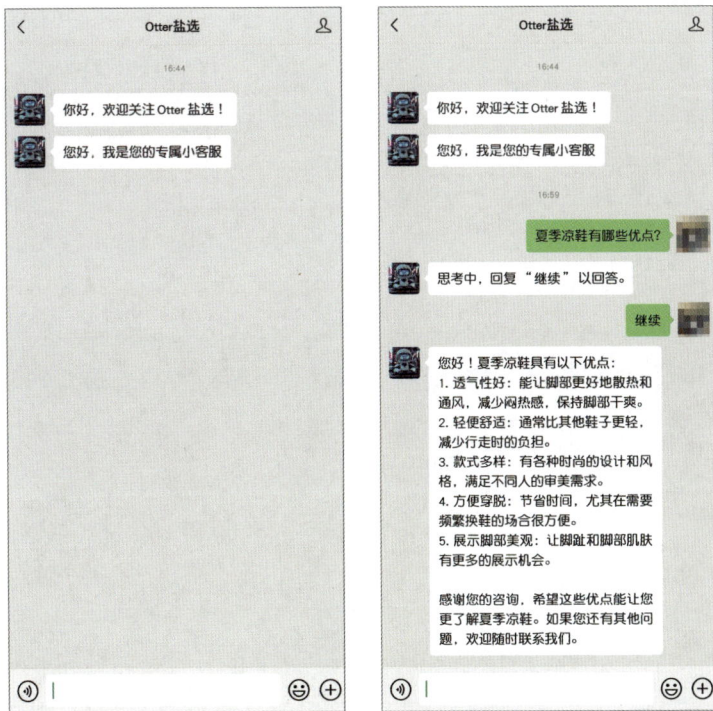

图 8-50 与公众号客服进行对话